有關禁忌的44個話題

對神靈的崇拜和敬畏，對欲望的克制與限定，
對儀式的恪守與服從，對經驗的總結與紀錄。

逯宏 著

培育文化 益智館 10

有關禁忌的44個話題

作者 逯宏
責任編輯 小宇
美術編輯 姚恩涵

出版者 培育文化事業有限公司
信箱 yungjiuh@ms45.hinet.net
地址 新北市汐止區大同路3段194號9樓之1
電話 （02）8647-3663
傳真 （02）8674-3660
劃撥帳號 18669219
CVS代理 美璟文化有限公司
TEL／(02)27239968
FAX／(02)27239668

總經銷：永續圖書有限公司
永續圖書線上購物網
www.foreverbooks.com.tw

法律顧問 方圓法律事務所 涂成樞律師
出版日期 2016年6月

國家圖書館出版品預行編目資料

有關禁忌的44個話題 / 逯宏著. -- 初版.
-- 新北市 : 培育文化, 民105.06
面 ; 公分. -- (益智館 ; 10)
ISBN 978-986-5862-80-0(平裝)
299.2 105004758

前言

如果深入民間，你會發現有一些非常古老的東西，或是民間的文化傳統，一直以某種極其頑強的生命力，從遙遠的過去，某些偏僻的角落，渺無聲息地向今天延續過來，徜徉在人們心靈的深處，雖然不容易被人覺察，卻強而有力地影響著人們的生活。禁忌在民間的傳承，就是一個很好的證明。

生活在特定時間與空間中的人，要想安然地生存下去，既要充分利用自然與社會提供的有利條件，又要盡力避開自然與社會帶給生活的不利因素。所謂的禁忌，就是人們為避開各種不利因素而做的一種努力。

趨利避害是人類的天性，因而以趨吉避凶為目的的民間禁忌，完全是人們的一種正常的心理需求。然而，來自民間的禁忌，其中雖不乏耳熟能詳者，但更多的卻複雜而又神祕。

民間禁忌是複雜的。地域上，從長城內外到大江南北，十里不同風，五里不同俗，各地的禁忌五花八門；民族上，漢民族的禁忌紛繁冗雜，兄弟民族的禁忌五彩斑斕；時間上，有遠古先民的遺俗，也有當下都市的新潮……總之，禁忌涉及人們生活的各個方面。本書選取了一些影響較大的民間禁忌，以人的日常生活為中心，做了靜態的歸類，包括歲時、家居、儀表、交往、婚育和飲食六個方面，盡可能地做深入淺出的介紹。

民間禁忌是神祕的。它們常常既與方術迷信相關，也涉及不同民族的一些古老的神話與傳說。民間禁忌的體系是開放的，然而其主體部分卻基於中國古代「天人合一」的哲學觀。中國古人追求天人和諧，於是構建了天、地、人三位一體的宇宙觀，進而又利用陰陽五行、天干地支等符號，把這一宇宙觀精密化、符號化。這樣，人們就可以綜合天、地、人三個方面的因素，避開不利的時間與空間點，來安排日常生活的每一個方面了。可以說，民間禁忌 「天人之際」，又通「古今之變」，是理解中國古代文化的一條秘徑。

總而言之，在來自民間的禁忌中，既有中國古代文化的精華，也有歷代陳陳相因的糟粕，我們在有所揚棄的同時，應該意識到禁忌的生活實踐價值：畢竟民間的禁忌深入人心，能夠滿足人們趨吉避凶的心理需要，可以增強人們面對生活的信心。

目錄

歲時禁忌

民間趨吉避凶的願望，體現在歲時文化中對於時間的選擇上。在普通百姓看來，傳統節日、民間節日、時令節日都是一年中特殊的日子。既然特殊，自然就會有禁忌，在民間至今仍有老人津津有味地給兒孫們講起各種禁忌。

傳統節日禁忌

春節

春節是中國第一大傳統節日，雖然狹義上指的是正月初一，但在民間，從臘月二十三到正月十五，人們都一直沉浸在春節的喜慶氣氛中。春節是一年中最重要的節日，因此禁忌也特別多。

小　年

農曆臘月二十三日（或二十四日）為小年，在這天祭灶。從該日開始打掃衛生，做年糕，辦年貨，送年禮。舊時認為，這一天灶神要上天向玉皇大帝彙報此家一年來的情況，故在這

一天要祭灶神。如果此家的媳婦正住在娘家，則必須回來，說是怕灶神漏報了戶口。但是，媳婦回來卻並不能參加祭灶活動，

山東楊家埠年畫・賜福生財灶王

俗語有「男不拜月，女不祭灶」之說。《帝京景物略》裡說「男子祭，禁不令婦見之。祀餘糖果，禁幼女不得令啖」。可見，祭灶禁婦女參加的規定是很嚴格的。此外，祭灶用過的糖果，小女孩是不能吃的。

除 夕

臘月三十日晚為除夕，民間以為這一天是神仙鬼怪下界之日。因要敬奉鬼神，故禁忌繁多：

要把水缸挑滿，大年初一不能挑水，故除夕要蓄水。換下的衣服及時洗淨，為的是大年初一不幹任何活，否則終年都要勞碌，不得空閒。

除夕要洗澡，俗話說，「洗去懶惰泥」，是為了新的一年能勤勞工作。

忌打碎器物，打碎了要說「歲歲（碎碎）平安」「越打（指打碎碗碟）越發」等吉利話，否則一年四季不吉利。

如果小孩犯禁，家長應立即以「童言無忌」來補救。舊時這一習俗在漢族和某些少數民族地區都流行，至今仍有殘留。

除夕的團圓飯，全家男女老幼，必須在一起吃飯，不得分食。

除夕夜遊子定要歸家團圓，俗話說「有錢沒錢，回家過年」。這是中國家庭穩固性與和睦性的一種表現。除夕夜，全家團聚，通宵達旦，謂之「守歲」。守歲時，燈火通宵不息，俗謂「點年光」。這樣做的目的，在於象徵著前途光明；忌半夜熄火，否則被視為不祥。吃年夜飯有很多講究：忌無魚；有魚忌全部吃光，是為了討個「年年有餘（魚）」的吉利；不能說「我不吃了」；年夜飯忌喝湯，否則出門遇雨。

初　一

除夕要預備大年初一的飲食。據《苗栗縣誌・風俗篇》載：「早餐所食之飯，大抵為除夕晚餐之遺，謂之隔年飯，以示食用不完之寄。實則是日行事甚多，無暇早餐，預先準備耳。」吃「隔年飯」，取「年年有餘」的吉兆。

民間有正月初一吃素的傳統，即使要加油燒煮食物，也不能用豬油，而用菜油，俗語說「初一吃素頂一年的齋戒」，此習俗顯然是受了佛教的影響。有的地方初一早餐吃麵條、豬頭豬尾，取有頭有尾，長壽之意。忌吃疙瘩（湯），一說是天會下雹子，一說是會生是非。

張祖基的《客家舊禮俗》記載初一這天要特別謹慎，不能講惡語罵人，也少出門。若在初一早晨碰到好的事情、聽到好的話，就作為一年的好兆頭。所以碰到人，就互相恭賀，講各樣的好話。春節時，民間普遍忌說不吉利的話，凡「破」「壞」「死」「光」「鬼」「輸」「窮」「完」「了」「背時」「病」等字眼都要避免；忌惡聲罵人說話，父母也不許打小孩，以免鬧得不愉快。

大年初一忌動刀、斧、剪之類的器物；忌挑水、下地幹活，忌購物，忌做針線活，忌殺生，忌啼哭；此外還忌掃地，掃了地也不能把垃圾倒掉，認為會把財氣掃掉；又忌長條板凳倒地，因為人死是停柩在兩條長板凳上的，出殯時抬起棺材，踢倒長條板凳才起步；忌向別人借火種，認為火意味著紅火、財氣旺，向別人借火會傷別人的財氣；忌向別人家借錢、借物，也忌討債；忌洗碗，因為洗碗時碗筷會互相碰撞發出響聲，預示家庭一年內不和睦、有衝突、有爭吵。

拜年是大年初一所不可少的，一般按長幼次序進行。舊時，初一只向神靈和本家長輩及同輩年齡長者拜年，初二開始外出給親朋拜年，有「初一崽，初二郎（婿）、初三初四拜地方」之說。拜年要在上午，下午和晚上不拜年。舊時拜年對長輩要叩頭，對平輩拱手或鞠躬。今一般口頭說拜年，不打拱，不作揖。所有拜年活動宜在正月初九前結束，初九俗稱「上九日」，拜年者以未出上九日為佳，過了上九日則為拜遲年。有新喪者，初一家裡閉門、貼白紙，年內忌拜年、串親戚。

各地春節習俗也不盡相同，據林碧紅主編的《客家研究文叢・客家與梅州書系》講，客家人大年初一不進園摘菜、不掃地、不赤腳、不講不吉利的話，反映了當地人們講徵兆的習俗；尊敬祖靈，並圍桌而吃敬祖齋祭品，象徵早得祖德福蔭。「食齋」象徵「消災」，因「齋」與「災」音近；吃蒜，意表會計算、精打細算；吃芹菜意表勤勞；豆腐象徵「頭富」。這一天所有的習俗合起來，則表達了新年的開始，全家消災納福、聰明、勤奮、過富裕生活的美好願望。

初　二

在襄汾等地，初二各家都爭著往水缸裡添水，以清晨第一個挑到水為吉利，認為這樣可以增加財富，但忌諱到鄰居家去挑水。

初　三

初三是「窮鬼日」，忌出門訪友。若此日有客上門，則客為「窮鬼」，主人一年不吉。這天要做的事就是把初一以來的垃圾清掃乾淨並送出去，點燃三炷香後而燒毀，俗稱「送窮鬼出門」。

楊柳青年畫．五穀豐登

初　五

初五是「五穀神」生日，黎明時，家家燒香迎接「五穀神」上穀倉，祈禱「五穀豐登」。這天家家忌煮生米，只在前晚煮好夾生飯，第二天早晨蒸熟。東北地區還有在這一天吃餃子的習俗，因為正月初五又稱「破五」，有破碎之意，餃子可以將其「包住」而不破碎。

正月初一至初五忌婦女串門和走親戚，俗稱「正月忌門」。認為此間有婦女串門不祥。據劉炎臣《天津年俗》說：「除夕這天，擺好供品後，一般舊式家庭，就臨時處於戒嚴狀態，禁止親戚鄰居的婦女進入。因是舊俗沿襲，一般自家的婦女們到了這天，也就不再到別家串門了。」正月忌提親，認為提親死媒人；忌結婚，否則會太歲壓頭，不利兒孫；忌剃頭，否則「要死舅舅」；忌午睡，男人午睡田畦崩塌，女人午睡廚房生災變。春節及正月忌付款，忌清償債務，忌討債，以免破財。

春 節 結 語

總之，春節期間忌一切不吉利的事情。顯而易見，這些禁忌清楚地表明人們對於新年之始的重視，表達了對新生活的美好憧憬。

端午節

農曆五月初五日為端午節，是中國第二大傳統節日。舊時以五月初五為小端陽，以五月十五為大端陽，但一般以小端陽為重。各地慶祝端午節的活動包羅萬象，主要有賽龍舟，吃粽子、包子、鹽鴨蛋，喝雄黃酒，門首掛菖蒲、艾葉，小孩身上掛香荷包等等。民間有端午節午時忌出門的風俗，以為五月初五陽氣本來已經很盛，而中午則更盛，物極必反，陽極則凶，故應躲午避凶。

中秋節

農曆八月十五日為中秋節，是中國第三大傳統節日。此日全家人團聚，夜晚圍坐院中，飲酒、吃月餅、賞月，故又稱「團圓節」；民間又有在這一天祭月、拜月的習俗，其活動多由婦女主持，故又稱「婦人節」。俗以為月有月神，故有「拜月」之舉；拜月的同時，又往往伴隨著占卜活動，以卜災祥。通常忌諱中秋節陰雨，認為這預示著來年年景不好。

民間節日禁忌

除了春節、端午、中秋等傳統節日之外，中國還有很多民間節日。這些節日同樣有悠久的歷史，同樣是中華歲時文化的重要組成部分。民間節日也有名目繁多的禁忌。

人勝節

人勝節，又稱「人日」，時間在農曆正月初七。據《北齊書・魏收傳》載：「魏帝宴百僚，問何故名『人日』，皆莫能知。（魏）收對曰：『晉議郎董勳《答問禮俗》云：正月一日為雞，二日為狗，三日為豬，四日為羊，五日為牛，六日為馬，七日為人。』」也就是說，古人認為這七天分別與人及六種動物相關。故南朝梁宗懍《荊楚歲時記》載：「正月一日不殺雞，二日不殺狗，三日不殺豬，四日不殺羊，五日不殺牛，六日不殺馬，七日不行刑。」可見，與人日相關的忌殺生習俗有久遠的歷史，最遲在南北朝時已經很盛行了。

對於這一習俗的解釋，大致有兩種說法：

一種說法認為，畜生輪迴道是由司祭神掌管的，他的母親在正月初八過生日，因此司祭神在初八前會關閉輪迴道給母親做壽。如果在人勝節之前殺生，被殺畜生的亡靈因無法進入六道輪迴，會跟在人的身邊，直到下個月的第三日，也就是二月初三才能轉世。在溫馨祥和的節日期間，人們當然不希望有某種幽靈伴隨自己，故有「人勝節前不殺生」之禁忌。

另一種說法認為，此俗源於女媧造人的傳說。傳說女媧創世時，先造了一些小動物，第一天造出來的是雞，第二天是狗，第三天是豬……第七天是人。因這七天分別是人與六種動物的生日，故忌傷害人與六種動物，否則就違背了神的意志。

民間還根據這七天的天氣情況，預測人與六種動物在新的一年裡的吉凶。據《遼史》記載：「凡正月之日，一雞、二狗、三豬、四羊、五馬、六牛、七日人日，其占晴為祥，陰為災。」其中，「人日」這天的陰晴最受人們關注，如果當日天陰，主不吉，家家戶戶都要燒香拜佛，一直到二月二，祈求平安順利。

天穿日

即女媧補天之日，時間為正月二十。據林碧紅主編的《客家研究文叢 · 客家與梅州書系》講，客家人在天穿日忌下地幹活，當地有「正月二十做細（「細」為客家方言，即做工），不夠補天穿」的諺語。

女媧補天

中和節

中和節，時間在農曆二月初一，由於農曆二月初二是「龍抬頭」，所以常將中和節和龍抬頭混為一個節日。按客家人的鄉俗，二月初二為「田伯公生日」，「田伯公」即土地之神。二月初二這天，客家人家家戶戶都到自家耕種的土地上去叩拜田伯公，祈求風調雨順保豐收。祭「田伯公」實質上就是所謂的「春社」，是農耕民族對大地之神的祭祀。「春社」舉行的時間各地不同：本應在立春後第五個戊日，通常也有在春分前後的，也有的地區就在二月初二舉行。中和節過後，各地陸續開始進入春耕。從這一角度上說，「二月二」實為農村開耕節。在這一天，民間通常忌動剪刀針線，忌推磨，忌汲水碰井沿，俗以為從這一天開始，潛伏在地下的龍開始活動。若犯了這些忌諱，可能會傷了龍。還有的地區稱這一天為「雀兒會」，忌諱進入菜園。

寒食節

寒食節，在冬至後第一百零六天（也有以冬至後一百零五日為寒食節的），也就是清明前的一到兩天。據說寒食節起源於春秋時期：晉公子重耳（後來的晉文公）流亡時，手下有個人叫介之推。一次重耳想吃肉，但是流亡在外無肉可尋，介之推就把自己大腿上的肉割下來給重耳吃了。重耳歸國後成為晉國的國君，當封賞有功的大臣時，介之推卻與其母親隱居到綿山（今山西境內）。重耳得知後，親自上山去找，但介之推卻避而不出。傳說晉文公為逼迫介之推下山受封，下令放火燒山。介之推仍不肯下山，結果背負其母被燒死在一棵樹下。傳說晉文公為紀念介之推，下令把放火燒山這一天定為「寒食節」，斷火冷食三日。故後世有寒食節忌舉火的習俗。

春牛節

春牛節，又稱「牛王誕」，是牛的節日。具體時間各地不同，據林碧紅主編的《客家研究文叢 · 客家與梅州書系》講，粵東梅州為立春，閩西為三月初三，粵北為四月初八。在農耕文明時代，牛是相當重要的畜力，故舊時民間有為牛過生日的習俗。《乾隆嘉應州志 · 風俗》有具體記載：「立春先一日，守土官（地方官）率僚屬，迎句芒（神名）土牛於東郊，飾童男，扮故事，以兆豐登。彩棚台閣，周遊城市，士女縱觀。次日，鞭春打土牛。」一般有耕牛的人家，這一天都忌諱讓牛勞動。人們不僅給自家牛以好草精料，而且還舉行各種活動，慶祝牛王的生日。

打春牛

郿官節

郿官節，時間為農曆六月初六。這一天夏糧已經收割，農家吃新米，叫「嘗新」；人們還用新米磨粉做成餅送人，謂之「送新」。嘗新時，民間忌諱家裡有人不在家，若有人確實不在家，也忌諱別人提起，認為這是家人將散的徵兆。

七夕

七夕，又稱「乞巧節」「少女節」「女節」，臺灣等地也稱「情人節」，時間是農曆七月初七。七夕源於牛郎與織女天河相會的傳說，民間有婦女在這一天晚上乞巧的習俗。由於傳說中的織女善於織錦，故成為民間婦女崇拜的對象。舊時，民間於庭院中設彩樓，名為乞巧樓，婦女設香案，擺瓜果，穿針引線，向織女乞求靈巧。婦女忌不參加，否則不會女紅。

中元節，時間是農曆七月十五，俗稱「鬼節」，佛教稱為

七夕相會

「盂蘭盆節」。自唐宋時起，中元節就已經成為重要的民間節日之一了。與清明節相似，這一天人們要祭祀先祖，特別是新喪者，此外，無主之孤魂也在人們的祭祀之列。祭祀兼及孤魂野鬼的目的，一是發仁心行善事，二是免得野鬼給人們添麻煩，求得平安度日。這天晚上，人們還要「放河燈」，即將點燃的小燭粘於小板上，於夜間放置在江河中，據說此俗目的是「照溺鬼路」。各地道士要在這一天舉行法事，超度鬼魂。佛教則

說在這一天佛以盂蘭盆盛奇果，使目連母免被餓死鬼道之中，故稱盂蘭盆節。

中元節

中元節的禁忌頗多，諸事不宜，忌買車、忌購屋、忌嫁娶等；忌在家裡祭拜亡魂，只能在外面或馬路上，否則易招遊魂野鬼入室；拜亡魂時忌說自己是誰，只要說請用即可；忌吃拜亡魂用過的東西；忌夜行，忌小孩外出，更忌游泳，因怕被野鬼纏身拖走。此外，民間還把七月看作是「鬼月」，忌出遠門、忌搬家、忌建屋、忌上樑、忌開張及忌訂盟等。

重陽節

重陽節，時間為農曆九月初九。《周易》中把「九」定為陽數，兩九相重即為「重陽」，故稱九月初九為「重陽節」。古人認為，這一天是特別值得慶賀的吉利日子。因為「九九」與「久久」同音，所以今人又把此日定為「老年節」，有健康長壽之意。重陽節這天，民間忌諱結婚不到三年的女子回娘家，俗話有「回家過重陽，死她婆婆娘」的說法。

時令節日禁忌

中國農曆有二十四節氣，即立春、雨水、驚蟄、春分、清明、穀雨、立夏、小滿、芒種、夏至、小暑、大暑、立秋、處暑、白露、秋分、寒露、霜降、立冬、小雪、大雪、冬至、小寒、大寒。這些時令節日，與農業生產的關係非常密切，因此向來為民間所重視。在傳統觀念裡，不同的節氣有不同的情境變化，不論做什麼事，都要遵循特定的要求，以達趨吉避凶、祈求福佑、萬事順利的美好意願。與其他節日一樣，時令節日也有著名目繁多的禁忌。

立春

立春，二十四節氣中的第一個節氣，西曆二月四日或三日。民間習慣把它作為春季的開始，故向來受到人們的重視，俗話有「新春大似年」之說。古時立春到來之際，皇宮裡要出春盤，賜酒給近臣。民間則用紅紙書寫「迎春接福」「春至福生」等「宜春」帖，張貼在門額上，備三牲、焚香燭，放鞭炮接春。

民間稱立春的前一天為「絕日」，因為立春是春天的開始，前一天則是冬天的結束。古時人們忌諱窮盡，崇尚發展，故認為立春的前一天忌行軍、出行、上官、赴任、嫁娶、進人口、遷移等。古時人們非常關心氣候變化可能會給農業帶來的影響，立春作為春天的開始，格外受到人們的重視。舊時民間認為，如果立春日天氣晴朗，則預示著將是一個好年頭，俗語有「但得立春晴一日，農夫不用力耕田」。立春日忌陰雨，忌刮大風。

驚蟄

二十四節氣中的第三個節氣，西曆三月六日或五日。這時天氣轉暖，春雷震動，蟄伏的動物復甦，大部分地區進入農耕季節。驚蟄也是民間非常重視的時令節日。山西雁門關以北的部分地區，人們講究在這一天吃梨。驚蟄至春分（春社）之間，忌走親戚，因有給已故親人「攔社」「懸衣」之嫌。

春分

春分，二十四節氣中的第四個節氣，西曆三月二十一日或二十日。此日晝夜幾乎相等，故古時又稱為「日夜分」；這個節氣又處於立春與立夏之間，把春季一分為二，故古人叫它「春分」。古時常在春分前後舉行祭祀土地神的活動，叫「春社」。據林碧紅主編的《客家研究文叢 · 客家與梅州書系》講，在這一天客家人殺雞買肉，打粑，磨豆腐，拜祭田伯公，邊拜邊唸：「田頭伯公田尾伯婆，保佑風調雨順，一門（田）割三籮。」人們還在門前、巷口等處貼上書有「五穀豐登、六畜繁昌」祝詞的神符，表示對豐收的祈望。春社時忌推磨、犁田、用針，俗說推磨、犁田會弄破社公的頭，用針會刺破蛇（龍）膽。另外，春分的前一日為「離日」，忌行軍、出行、上官、赴任、嫁娶、進人口、遷移。因為春分將春天一分為二，而古人崇尚的是相和相補，故認為春分的前一天為凶日。春分日忌晴朗無雲，俗以為這一天如果晴朗無雲，則萬物不成，民多熱病。俗語有「驚蟄聞雷米似泥，春分有雨病人稀」，意思是說，驚蟄打雷則預示著豐收，春分下雨則有益於人們的健康。

清明

清明，二十四節氣中的第五個節氣，西曆四月五日或四日。這時天氣晴朗、草木青翠，故稱為清明。這一天，民間有掃墓、踏青的習俗，故又名踏青節。清明掃墓，除了祭祖外，也兼及孤魂野鬼。清墳添土可在上午，但上墳燒紙忌在早晨和中午，要在下午四點鐘以後。另外，民間還認為清明日忌挑尿桶，否則天大旱；清明日若刮南風，則意味著風調雨順，俗語有「清明風若從南至，定是農家有大收」。

立夏

立夏，二十四節氣中的第七個節氣，西曆五月五日前後。民間習慣把它作為春季的結束、夏季的開始。在這一天，東北一帶有讓兒童多吃雞蛋的習俗，民間認為如果孩子不多吃雞蛋，就會「苦夏」，也就是會日漸消瘦。南方地區則有立夏吃新的

楊柳青年畫·賣花聲裡過清明

習俗，俗話說「吃新吃新重三斤」，並且認為在立夏當天吃石筍湯、炒油飯，可以壯腰健足。民間還認為，立夏若晴天，則其年必旱。與立春的前一日為「絕日」相似，立夏的前一日也為「絕日」之一，意味著春天的結束，故忌行軍、出行、上官、赴任、嫁娶、進人口、遷移等。

夏至

夏至，二十四節氣中的第十個節氣，西曆六月二十二日或二十一日。這個節氣，意味著炎熱的夏天來臨。根據林碧紅主編的《客家研究文叢・客家與梅州書系》講，梅州地區有夏至當天殺狗吃狗肉的習俗。當地有俗語「夏至狗，滿山走」「夏至狗，無處走」之說，意思是由於夏至殺狗成風，故迫使狗滿山跑或被逼至無處可藏。與春分相似，夏至也平分了夏季，故夏至的前一日為「離日」之一，忌行軍、出行、上官、赴任、嫁娶、進人口、遷移等。

立秋

立秋，二十四節氣中的第十三個節氣，西曆八月八日或七日。民間習慣把它作為秋季的開始，俗以為立秋是大節氣，故禁忌繁多。立秋日忌勞作，忌有人在田間行走，否則以為秋收必不好。《光緒嘉應州志 · 禮俗》載：「立秋日，不操作，不採園蔬」「不歇息，觸秋則無收也」。這就是客家人所謂的「歇秋」或者「過秋節」的習俗。舊時客家人過秋節時，常舉行遊神活動。其中影響較大者是梅州市梅縣等地的「扛公王」活動。「扛公王」在當地稱為過月半。從立秋之日起一直持續到農曆九月底，各姓村莊輪流過月半，在這段時間，各村輪流扛龍源公王出遊，非常隆重（《客家研究文叢 · 客家與梅州書系》）。立秋這天，識字的人多用紅紙寫上「今日立秋，百病俱休」，貼在牆壁上用以避邪。與立春、立夏相似，立秋的前一日也為「絕日」之一，意味著夏天的結束，故忌行軍、出行、上官、赴任、嫁娶、進人口、遷移等。立秋日忌無雨，俗語有「立秋無雨最堪憂，萬物從來只半收」。

冬至

冬至，二十四節氣中的第二十二個，西曆十二月二十二日或二十一日。冬至，也稱冬節，歷來為人們所重視。殷周時期以冬至前一日為歲終。這一天，家人團聚，備辦佳餚，祭祀先祖，慶賀往來，彷彿年節一般。直到現在，民間也非常重視這一節氣，浙江省一帶有「冬至如大年」「過了冬至大一歲」之說。冬至的禁忌頗多，如：出嫁的女兒這一天忌回娘家，俗話有「娘屋住個冬，夫家去個公」的說法；冬至日，忌進菜園，否則明年種菜多生蟲；冬至的前一日，同春分、夏至、秋分的前一日一樣，也是「離日」，忌行軍、出行、上官、赴任、嫁娶、進人口、遷移等。

特殊天象禁忌

時間是一種無形的存在，人們能夠感覺到，卻無法觸摸到。然而，中國人很早就注意到了時間與空間的關聯，如「宇宙」這個詞，意思就是「上下四方曰宇，往古來今曰宙」。把表示空間的「宇」與表示時間的「宙」連在一起，實際上反映了千百年來人們對於空間、時間與人類關係的努力探求。《易・賁》中講過「觀乎天文，以察時變」，說明人們很早就注意到了天體氣象變化是考察時間變化的重要參照。由於「天人合一」是中國人固有的傳統觀念，所以人們很自然地把天體氣象變化與人事聯繫起來，這樣也就有了特殊天象禁忌。

太陽

在民間看來，最可怕的天文現象莫過於日食了，而古時候將日食與國家衰亡聯繫起來是極普遍的現象。按照古書上的說法，日食是臣子作亂、諸侯造反的徵兆。《春秋感精符》說：「日之蝕（食），國之絕也。」《春秋潛潭巴》則說：「日蝕（食）之後，必有亡國 君，奔走乖離。」所以，古代每逢發生日食的時候，舉國上下如臨大敵、驚恐不安。據《左傳》記載，日食發生時，國君不能待在正殿裡，太史要代表大臣自責，國人則奔走禱告，擊鼓獻幣。《風俗通義》說：「日有蝕（食）之，天子不舉樂。」日食為不祥之兆，此時不可舉樂，而應敲響器以驅食日之天狗，直至太陽復原為止。

古人把太陽與國家的命運聯繫在一起，不能簡單地歸結為一種迷信。實際上，崇拜太陽是我國的一種古老的風俗：根據考古發現，馬家窯文化遺址的骸骨都頭朝太陽升起的東方，這很可能是太陽崇拜在葬俗上的表現。直到現在，這種古俗在民間仍有遺存。據《中華全國風俗志》記載：寧津一帶有忌接天陰的風俗，「每年至六月十八日晚，各村寺廟中鑼鼓喧天，頗為熱鬧。村莊老年婦人集成一會，於是晚住在廟中，唸經誦佛，直至天將明之時，排列供案，燃燭焚香，向東致祭，至太陽出來始止。若值天晴，清晨放出陽光，大家歡喜。倘是天陰，便云不吉，異常懊喪也。」忌接天陰的習俗與忌日食的習俗一樣，都是崇拜太陽的表現。

人們對太陽的崇拜，還體現在忌日色不正、忌多個太陽上。據《春秋感精符》說，太陽如果出現了青黃白黑的顏色，那麼

就是君主不幹正事，良臣不被接納，盜賊橫行，民不聊生。民間還有多個太陽同時出現的說法，人們認為這同樣是災難要降臨的徵兆。古書記載，兩個太陽、三個太陽，以至於四個、五個太陽同時出現於天空，天下必爭，大戰必起。現代科學已經

后羿射日的故事，便是一種典型的太陽崇拜

證明，在特殊氣候條件下空氣折射率會有所不同，此時地上的人們確實有可能看到空中有幾個太陽。實際上，幾個太陽同時出現時，只有一個是真太陽，其他的不過是折射出來的幻影而已。但是古人並不理解，所以才會有此忌。

后羿射日的故事，便是一種太陽崇拜。

月亮是人們關注最多的一個天體。古人由於不清楚月亮的週期性變化，故把月亮作為重要的崇拜物件。屈原就曾經問：「夜光（月光）何德，死則又育？」正是由於月亮具有「死則又育」的本領，使得古人產生了崇高的敬仰之情，並將它奉為最高的生育之神或者母性之神。

與忌日食一樣，民間也忌月食。《白虎通》上說，每逢月食，諸侯士人的妻子要用棍棒敲擊鏡子救月，甚至有號啕大哭者。此俗流傳至今，一些地區仍保持著月食時敲盆趕天狗救月的習俗。月食並不常發生，而月晦則每月一次，故對於月晦的禁忌更常見。古時有月食、月晦忌行軍的習俗：《左傳・成公十六年》載「陳不違晦」，意思是說行軍佈陣不能在月晦時進行；《神機制敵太白陰經・占月篇》云「軍出，月蝕（食）凶」，也就是說，軍隊出動了，若發生了月食則大凶。不但行軍打仗的國家大事要避開月食、月晦，就連夫妻同房也要受到限制。《齊東野語》裡說：「凡婦人陰道，晦明是其所忌。故古之君人者，不以月晦及望禦於內。晦者陰滅，望者爭明，故人君尤慎之。」意思是說，古人認為月亮、女人都屬於「陰」，其明與暗都有忌諱。古時君主不在月晦（月末）和望（十五）時與內人同房，因為晦時「陰」（女性）太弱了，望時又有與太陽（男性為陽）爭明之嫌，均不合一陰一陽的正道。現在漢族民間有些地方仍忌於此日婚嫁和舉行娛樂活動。

中秋拜月

彗星與流星

彗星與流星的出現是沒有規律的，故民間一般都當作不祥之兆來看待。彗星又叫「妖星」或「掃帚星」，《乙巳占》中說：「凡彗孛見，亦為大臣謀反，以家坐罪。破軍流血，死人如麻，哭泣之聲遍天下。臣殺君，子殺父，妻害夫，小淩長，眾暴寡，百姓不安，干戈並興，四夷來侵。」可見，若彗星出現，差不多所有災難都會降臨。流星又叫亡星，民間以為天上的星星是和地上的人丁相對應的，俗語有「天上一顆星，地上一口丁」。若天上有一顆星星隕落，地上便有一人死亡。若隕落的是顆亮星，就將有大將或名人死亡。

彩虹

彩虹雖然是較常見的天象，但舊時在民間看來，也是一種神祕的現象。東虹、西虹較常見，忌諱相對少；南虹、北虹罕見，故深以為忌，認為是災難的象徵。俗語有「東虹日頭西虹雨，南虹北虹賣兒女」「東虹風、西虹雨，南虹北虹漲大水」。

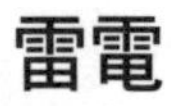

雷電

雷電在自然界中具有不可思議的巨大威力，由於人們無法理解，因而對它產生了恐懼心理。如果在不應當有雷電的時候有了雷電，人們便以為是災難的預兆。河北一帶有俗語說，「十月雷，閻王不得閒」「十月雷，人死用耙推」，意思是說十月有雷電預示著來年會有災疫。江蘇一帶有「十月雷，人屍板來堆」的說法，意思相近。在敬奉雷神的農耕民族中，有聞雷輟耕的習俗，即每年第一次響雷時，忌犁田、耕地、播種，否則會觸怒雷神，使雨水不宜，莊稼歉收。另外，民間還認為打雷有上天懲奸除惡之意，故夜間打雷時忌點燈，否則邪物會逃進屋裡來。

民間擇吉禁忌

舊時民間廣泛流行一種擇吉習俗，即無論做什麼，諸如祀神祭祖、婚喪嫁娶、出門遠行、修造營建、開市立券等，都要選擇所謂的「黃道吉日」。擇吉習俗的宗旨只有一個，那就是為各種人事活動選擇一個恰當的時間點。顯而易見，擇吉是人們選擇、利用有利條件，避開、克服不利因素所做的一種努力。從人類的本性來說這種努力無可厚非。儘管民間積累下來的擇吉經驗有很多是無法驗證的，甚至其中不乏迷信，但它可以滿足人們的某種心理需要，例如可以增強人們的信心，僅就此而言，不應當全面否定。民間擇吉禁忌很多，擇其要者錄之如下：

十齋日

佛教十齋日忌殺生。每月的初一、初八、十四、十五、十八、二十三、二十四、二十八、二十九、三十（若是小月，則後三天為二十七、二十八、二十九），此十天為佛教持齋的日子，即十齋日，忌行刑、屠宰。道教也遵守此規，把它稱為「十直日」，簡稱「十直」。

四不祥日

「四不祥日」忌上官、赴任、臨政、親民。所謂的「四不祥日」指的是每月的初四、初七、十六、十九、二十八。

十惡大敗日

「十惡大敗日」百事忌。這十天是甲辰日、乙巳日、庚辰日、辛巳日、丙申日、戊戌日、丁亥日、己醜日、壬申日、癸亥日。

上朔日

「上朔日」忌宴會作樂。所謂上朔日指的是甲年（即天干為甲，下類同）中的癸亥日，乙年中的己巳日，丙年中的乙亥日，丁年中的辛巳日，戊年中的丁亥日，己年中的癸巳日，庚年中的己亥日，辛年中的乙巳日，壬年中的辛亥日，癸年中的丁巳日。

火星日

「火星日」忌修造、起蓋、砌灶、裁衣等事。所謂「火星日」

指的是：正月、四月、七月、十月中的乙丑日、甲戌日、癸未日、王辰日、辛醜日、庚戌日、己未日；二月、五月、八月、十一月中的甲子日、癸酉日、王午日、辛卯日、庚子日、己酉日、戊午日；三月、六月、九月、十二月中的王申日、辛巳日、庚寅日、己亥日、戊申日、丁巳日。

楊柳青年畫・新年吉慶，大發財源

長短星日

「長短星日」忌裁衣、納財。所謂「長短星日」指的是：正月的初七、二十七；二月的初四、十九；三月的初一、十六；四月的初九、二十五；五月的十五、二十五；六月的初十、二十；七月的初八、二十三；八月的初二、初五、十八、十九；九月的初三、初四、十六、十七；十月的初一、十四；十一月的十二、二十二；十二月的初九、二十五。

九土鬼日

「九土鬼日」忌上官、出行、起造、動土、交易。所謂的「九土鬼日」指的是：乙酉日、癸巳日、甲午日、辛醜日、壬寅日、己酉日、庚戌日、丁巳日、戊午日。

水痕日

「水痕日」忌造酒、合醬。所謂「水痕日」指的是：大月的初一、初七、十一、十七、二十三、三十；小月的初三、初七、十二、二十六。

彭祖百忌日

「彭祖百忌日」，諸事不宜。所謂「彭祖百忌日」，共有三十四天，其中前十天用天干表示，意為逢相應的天干即是忌日；中間十二天用地支表示，意為逢相應地支即是忌日；後面十二天用「建除十二客」表示，據《淮南子・天文訓》載：「寅為建，卯為除，辰為滿，巳為平，主生；午為定，未為執，主陷；申為破，主衡；酉為危，主杓；戌為成，主小德；亥為收，主大德；子為開，主太陽；醜為閉，主太陰。」據此，可以把「建除十二客」轉換為十二地支，然後查日曆即知。「彭祖百忌日」具體如下：

甲不開倉，財物耗亡；乙不栽植，千株不良。

丙不修灶，必見火殃；丁不剃頭，頭主生瘡。

戊不受田，田主不祥；己不破券，二主並亡。

庚不經絡，織機虛張；辛不合醬，主人不嘗。

壬不決水，難更堤防；癸不詞訟，理弱敵強。

子不問卜，自惹災殃；醜不冠帶，主不還鄉。

寅不祭祀，鬼神不嘗；卯不穿井，泉水不香。

辰不哭泣，必主重喪；巳不遠行，財物伏藏。

午不苫蓋，室主更張；未不服藥，毒氣入腸。

申不安床，鬼祟入房；酉不會客，賓主有傷。

戌不吃犬，作怪上床；亥不嫁娶，必主分張。

建宜出行，不可開倉；除可服藥，針灸亦良。

滿可肆市，服藥遭殃；平可塗泥，安機吉昌。

定宜進畜，入學名揚；執可捕捉，盜賊難藏。

破宜治病，必主安康；危可捕魚，不利行船。

成可入學，爭訟不強；收宜納財，卻忌安葬。

開可求治，針灸不祥；閉不豎造，只許安康。

點石齋書報・毒謀天譴

楊公忌日

「楊公忌日」，諸事不宜。全年共有十三天，即正月十三，二月十一，三月初九，四月初七，五月初五，六月初三，七月初一、二十九，八月二十七，九月二十五，十月二十三，十一月二十一，十二月十九。

月忌日

「月忌日」，諸事忌。「月忌日」每月有三天，即初五、十四、二十三。

探病忌日

「探病忌日」，指的是不能探望病人的日子，共有六天，包括：壬寅日、壬午日、庚午日、甲寅日、乙卯日、己卯日。

十二時辰出行禁忌

「十二時辰出行禁忌」：子時忌東北方，宜西南方；丑時忌東南方，宜西北方；寅時四方均宜；卯時宜南方，其餘方向皆忌；辰時宜北方，其餘方向均忌；巳時忌東北方，宜西南方；午時宜北方，其餘方向皆忌；未時宜西北方向，忌東南方；申時忌北方，其餘方向均可；酉時四方均可；戌時宜西北方，忌東南方；亥時四方均可。

出行忌日

《碧玉經》「出行忌日」，指的是初一忌西行，初八南方忌，十五東行兇，月晦北不利。其中，所謂「月晦」是指農曆每月的最後一天。

四離日

「四離日」忌行軍、出行、上官、赴任、嫁娶、進人口、遷移。所謂「四離日」指的是春分、秋分、夏至、冬至四節氣的前一天。

四逆日

「四逆日」忌出行。所謂「四逆日」指的是申日、酉日、七日、八日，俗語有「申不行，酉不離，七不往，八不歸」。

天翻地覆時

「天翻地覆時」忌行軍、出行、修造舟楫。所謂「天翻地覆時」指的是：正月的巳時、亥時；二月的辰時、戌時；三月的申時、酉時；四月的巳時、申時；五月的丑時、卯時；六月的子時、午時；七月的酉時、亥時；八月的辰時、戌時；九月的卯時、酉時；十月的辰時、午時；十一月的寅時、未時；十二月的卯時、巳時。

家居禁忌

毫無疑問，中國人對於居家環境的重視，早已經超出了合理的範圍。為了使家業興旺、子孫昌盛，人們在住宅建造、居室裝修上大做文章：凡是符合風水原則的，即可獲得神靈的護佑；凡是不符合風水原則的，即是家居禁忌。

住宅環境禁忌

在長期的歷史發展過程中，有關住宅與環境的關係問題，古代中國人形成了一系列獨特的觀點與方法，這就是所謂的「風水術」。民間認為，依據風水的原則設計住宅，即可獲得好運。在古代，由於缺少自然科學知識，風水這門學問中常常充斥著迷信成分，又因風水先生的曲解，使這門學問顯得荒誕離奇，不足為信。然而，隨著現代科學的發展，尤其是建築、地質、生態、環境科學和能源科學的發展，人們發現「風水」中有很多因素與現代自然科學相一致。

由於「風水」觀念影響深遠，所以民間往往認為：不符合風水原則的住宅環境，即為住宅選址禁忌。在宅址的選擇上，民間常用「辨土法」和「稱土法」來確定某地安宅是否犯忌。

「辨土法」的基本內容是：在宅基地上挖坑，周圍寬一尺二寸，深也是一尺二寸。將挖出來的土篩細，填入坑裡，填滿為止，不能把土按實。過一夜後觀察，若地氣旺則土拱起，若地氣衰則土下陷。拱起便吉，可以安宅；下陷便凶，忌安宅。

郭熙《早春圖》，其中蘊含著「山環水抱」的風水模式，是中國人心目中的理想景觀狀態

「稱土法」的基本內容是：在宅基地上取一塊土，削成長寬高皆為一寸的正方形，以秤稱之，若重九兩以上則為吉地，五六兩為中吉，三四兩為凶地。還可以用門量土，將土擊碎，量平門口，稱之，每門以十斤為上等，八九斤為中等，七八斤為下等。凶地、下等地，忌安宅。

位址選定後，要定住宅走向，民間稱為「向法」。定方向應順勢、忌逆勢，即根據自然地形、地貌、水流方向、氣候特徵等決定「大向」。一般格局是坐北朝南，在特殊情況下也可能會有其他格局。方位上的禁忌不是很嚴，最忌的是地勢上南高北低，看上去極不順眼。俗話說：「前（南）高後（北）低，門戶必敗；後（北）高前（南）低，主多牛馬。」另外，河南林州市一帶還有「前低後高，子孫英豪；前高後低，子孫不昌」的說法。實際上這是順乎自然的，人們都把房院建在山南水北的陽處，而不會建在山北水南的背陰地裡。選宅基地要選在向陽有水的地方，陽光和水源都是人們生活中不可缺少的。忌諱選在乾燥處，或太潮濕背陰的地方。

對於住宅周圍環境的要求比較複雜。《陽宅十書》裡用圖解的方式解釋吉凶，指出幾種常見的住宅環境禁忌：「南來大

路直沖門，速避直行過路人，急取大石宜改鎮，免教後人哭聲頓。」「東西有道直沖懷，定主風病疾傷災，從來多用醫不可，兒孫難免哭聲來。」「宅前有水後有丘，十人遇此九人憂，家財初有終耗散，牛羊倒死禍無休。」而《丹經口訣》中則說：「陽宅須教擇地形，背山面水稱人心。山有來龍昂秀髮，水須圍抱做環形。」又說，「明堂寬大斯為福，水口收藏積萬金。關煞二方無障礙，光明正在旺門庭。」這些禁忌在民間建宅業中廣為流傳，並為人們所遵循。

「門前環境禁忌」：相對於其他三面，門前的禁忌最多，住宅環境的優劣，常主要取決於門前的環境。據《營造門》云，「凡宅宜居宮觀仙居側近之處，主益壽延齡，人安物阜。不宜居當衝口處，不宜居塔塚、寺廟、祠社、爐冶及敵軍營戰地，不宜居草木不生處，不宜居正當流水處，不宜居山有沖射處，不宜居大城門口及獄門、百川口去處。」這些禁忌是明代人建房宅選地基的要領，在民間都是很有代表性的，可見是以求神佑、避鬼祟、躲戰亂、圖清靜、多生殖、恐爭訟等等為準則的。

門前忌有大路、大河直沖。大路直沖住宅，民間叫作路箭；河道直沖住宅，民間叫作水箭。箭能射殺人，門前有此環境，易遇到意外之禍，是不吉利的，所以一定要避開。俗語有，「交路夾門，人口不存；眾路相沖，家無老翁。」如不能避，則於門口處高懸「八卦鏡」，或豎「泰山石敢當」等避煞法物以禳解之。

門前空地（稱作地台），不能兩邊低而自己獨高，只可以比別人低，但又不能太低，這種說法正是中國「中庸」「平均」思想在建築上的一種表現。

門前忌有雙池。凡人家門前有雙池，為哭字頭，不祥。

門前又忌大樹正沖，俗說，門前有大樹易招瘟疫。

門若與鄰家相對，忌諱自家的門正對著別人家的門、窗。俗以為二門相對或門窗相對，雙方不吉，俗語有「門對門，盡死人」。「窗戶對著門，不打官司就死人。」尤以門小者更遭其害，俗謂之「大口吃小口」。若不能避，需於各自門內建「影壁牆」，以擋邪物侵襲。

門還忌正沖房檐滴水。俗語說：「房檐滴水滴門幫，一年之內死一雙；房檐滴水滴門口，不傷大口傷小口。」可見民間對此十分忌諱。

門前又忌諱有墳墓和磚瓦窯。門前有墳者，陰陽相剋，不吉利也；門前有窯者，恐燒斷財路，也不祥。

正門如果正對別家屋棟、房脊獸頭、牆角、山頭、岩石等，認為是十分不吉利的，必須祈求虎神相隔。

「宅東忌」：據說房宅東邊喜水、忌路。宅東有流水達江海者吉，取「財源茂盛達三江」「財源滾滾」「福如東海長流水」之意。若宅東有路則為洩財，不吉。

「宅西忌」：宅西喜路，忌水，忌地形殘缺不全，忌有池，忌有洞。因為按古老的五行思想，西方屬金，金生水，若有水，即為泄財；按四方神獸，西方為白虎，為凶神，若有洞，即為白虎開口，不吉。

「宅後忌」：北為寇方，忌有路，若有，則凶多吉少。

除了重視人與自然關係的和諧之外，住宅環境禁忌還重視人與人之間關係的和諧。就住宅而言，人與人關係的和諧體現在本宅與周圍鄰居住宅的關係上。依據民間的風水原則，「忌背眾」是住宅與周邊建築關係的基本要求。所謂「忌背眾」就是要佈局合乎情理，忌與眾鄰的屋向相反。風水稱與眾向相反的建築為「煞」，而「煞」即是兇險之意。具體來說還包括：在同一處聚居的各家，建房的高度應大體一致。民間一般很忌諱某家的房子、院牆高於其他人家的，否則便說會壓了人家的「吉利」「風水」「運氣」。蓋房出簷、留滴水，忌諱超出自己的宅基地，遮蓋或滴到鄰家房上、院中。後房檐忌砌「狗牙磚」，否則認為是「咬著後家」了。房山牆忌沖著鄰家的院子，否則以為是以「箭」射人，鄰家會不願意的。

顯而易見，上述有關住宅環境的種種禁忌，把「天」「地」「人」三方面的因素全都考慮進去了，這是一種古老的思維方式。

家居修造禁忌

中國人向來重視家宅房舍的修造，民間認為此事處理得當，才能夠子孫昌盛，家業興旺，否則便會家運衰敗、災禍橫生。在這種觀念的基礎上，舊時風水術大盛。由於建立在五行八卦思想體系基礎之上，風水術比較複雜，然而其中的有些禁忌被風水先生反復言說，已經被民間普遍接受，成為俗信的一部分了。

「太歲」被認為是最兇惡的神，是中國民間的一種頗為特殊的信仰。究其來歷，有人以為它是八大行星中的木星，也就是歲星。實際上，太歲與天體崇拜有關，但又不代表任何星體，也不象徵某種天象。它只不過是一個想像物，在地下，與天上的木星運行方向相反、運行速度相同。舊時民間以為，建舍蓋屋必須擇吉日，而漢族擇吉日有一大忌，就是忌諱「沖犯太歲」。

早在《荀子・儒效》中就有關於「太歲」的記載：「武王之誅紂也，行之日以兵忌，東面而迎太歲。」但這裡的「太歲」到底是什麼？歷來眾說紛紜。最遲從漢代起，人們已經認為太歲每年所經的方位，與動土興建、遷徙、嫁娶的禁忌有關了。《論衡》中講道：「世俗起土興功，歲月有所食，所食之地，必有死者。假令太歲在子，歲食於酉，正月建寅，月食於巳，子、寅地興功，則酉、巳之家見食矣。見食之家，作起厭勝，以五行之物懸金木水火。假令歲、月食西家，西家懸金，歲、月食東家，東家懸炭。設祭祀以除其凶，或空亡徙以辟其殃。連相仿效，皆謂之然。」《論衡》中還說：「徙抵太歲，凶；負太歲，亦凶。抵太歲名曰歲下，負太歲名曰歲破，故皆凶也。假令太歲在甲子，天下之人畢不得南北徙，起宅嫁娶亦皆避之。」漢代的巫蠱文化盛行，「太歲忌」顯而易見是這種文化的產物。據《論衡》所講，太歲在特定的時間裡，有特定的方位，所行之處，常給人們帶來災殃。而化解的辦法，常常是用五行生剋之術。儘管歷代都不乏批駁此「迷信」說法的人，然而在民間卻一直盛行不衰。

人們傳說，如在太歲方位動土，就會挖到一種會動的肉塊，此即是太歲的化身。據《酉陽雜俎》續集記載：「萊州即墨縣有百姓五豐兄弟三人，豐不信方位所忌，嘗於太歲上掘坑，見一肉塊大如門，蠕蠕而動，遂填，其肉隨填而出，豐懼棄之。

經宿，長塞於庭。豐兄弟奴婢數日內悉暴卒，唯一女存焉。」近年來，各地因施工或洪水，也不斷有「太歲」出世。專家一般認為，「太歲」肉團實為一種白膜菌，只因過去民間無力解釋，才附會出太歲凶神的臆說。然而，普通百姓對於「太歲」的態度，並沒有因為專家的說法而有大的改變。人們「寧可信其有，不可信其無」。人們依然非常重視「太歲忌」，「太歲頭上不能動土」的說法，至今仍廣為流傳。

民間認為，住宅修造沖犯了「太歲」是大忌。如果人正精神煥發，運氣正旺倒不會怎樣；如果運氣不佳，命相衰微，就會招致喪亡的禍災。中原一帶民間修造房舍，如正趕上太歲當年所在地，方位不吉，但又不能不修造時，可以採用「偷修」的辦法來化解：據說「太歲」每逢子日即出遊，至巳日方歸，人們可以趁它出遊之日偷偷地奠基蓋房。但是，「偷修」必須在額定日期內完工，即必須趕在太歲出遊回來之前把活幹完。

民間還有忌「五月蓋屋」的習俗。據《風俗通義》載：「五月蓋屋，令人頭禿。」這一習俗可能與農曆五月部分地區恰逢雨季有關。因雨季給建房帶來很大的不便，所以忌諱。

忌「單日開工建房」。很多地區認為，「好事成雙」，雙日子是吉日，宜開工修造；相反單日子就不如雙日子了，因而忌修造。

民間認為，房舍的門最重要，因此除了房舍修造開工要擇日外，立門也要擇日。林州市一帶流行「春不宜建東門，夏不宜建南門，秋不宜建西門，冬不宜建北門」的習俗。顯然，這是把四方與四季對應起來了。把「天時」「地利」與「人事」統一起來，向來是中國傳統思想的一貫做法，這種習俗有很悠久的歷史。

除了這種比較簡單的立門禁忌外，民間還有較繁雜的說法。如俗以為「造門，正月七日忌用卯日，二月八日忌用巳日，三月九日忌用未日，四月十日忌用酉日，五月十一日忌用亥日，六月十二日忌用醜日。」

在修造房舍時，屋子的間架結構也要受到民俗的制約：屋形宜前低後高，忌前高後低，俗語有「前高後低，主人被欺」；又忌房子中間高兩頭低，俗認為這是「小鬼挑擔」，也不吉利。

檁條禁忌：民間認為，並非所有的木料都適合充當檁條，一般忌用桑木、桃木、棗木、椴木、柿木、椿木上房。因「桑」與「喪」同音，恐不吉利，故俗話說「桑不上房」；「桃」與「逃」

音近，俗以為桃木上房主荒，要跑財；「棗」與「早」音近，俗認為棗木上房人早亡；「椴」與「斷」音近，俗認為椴木上房絕後代；「柿」與「事」音近，俗認為柿木上房出禍殃；「椿」與「沖」音近，俗認為椿木上房，人財將被「沖沒」。房梁一般喜用榆木，取其「餘糧（榆梁）」之意。

漢族修造房舍時，開工、上樑、完工等重要時刻都要燃放鞭炮，驅逐鬼祟，以求吉利；動工後，忌諱說不吉利的「倒、塌、垮」等字眼兒。特別是上樑時，要放爆竹、燒紙、割肉、宴客、給喜錢，還要在樑柱間貼上對聯，如「青龍扶玉柱，白虎架金梁」「太公在此，諸神退位」「吉星高照」等等，還有的地區要用一張紅紙畫一個八卦圖，貼在正中的脊檁上。忌諱匠人在房內埋藏「祟物」，如面人、面獸、草人、紙人等等，如果主人對匠人招待不熱情、不周到，或者匠人與主人有私仇，匠人便會以這種方式暗算主人。

民間認為破土是一件極嚴肅的事，必須要謝土地神。

在破土動工的前一天，主家全家要吃齋一天。有些人家還要沐浴、更衣。有些富戶還要請僧、道誦經。同時，要備好敬神所需的供品。開工動土當天，主家要在宅基地前清整出一小

塊乾淨的場地，擺好香案，上置五個裝滿硬皮點心、蘋果、香蕉等鮮貨及魚、肉等供品的碗碟，點燃香燭。這時，主家先跪

破土動工前的謝神儀式

拜三次，領工及眾工匠隨之依次跪拜三次，謂之「敬神」「謝神」，祈求土地神保佑建房順利。之後，要燃放鞭炮，以求開

工大吉。同時，領工還要唱《動工歌》。《動工歌》實際是領工即興說唱的順口溜，大多都是祝願建房順利的吉慶話和對土地神、對主家房基的讚美之詞。如至今流行於民間的《動工歌》唱道：

這塊寶地聖人留，周公動土魯班修。

伯溫看的風水地，主家蓋的萬年樓。

小小瓦刀七寸長，老君爐里加過鋼。

加鋼不為別的事，為給主家蓋新房。

蓋完南房蓋北房，雕樑畫棟多漂亮。

南房蓋的閣樓府，北房蓋的祖先堂。

東房蓋的金銀庫，西房蓋的萬年倉。

……

領工唱完之後，主家和領工用鐵 挖點土，讓眾工匠分食敬神用的供品（民間俗稱「供尖兒」），以圖吉利。到此，謝神儀式才完成，工匠們便可動工打地基。如果有的人家請僧侶主持謝神儀式，這時僧人手執一碗，內盛涼水浸泡的清茶，面朝宅基地邊誦經邊用手蘸水點三滴，之後，工匠們即可破土動工。

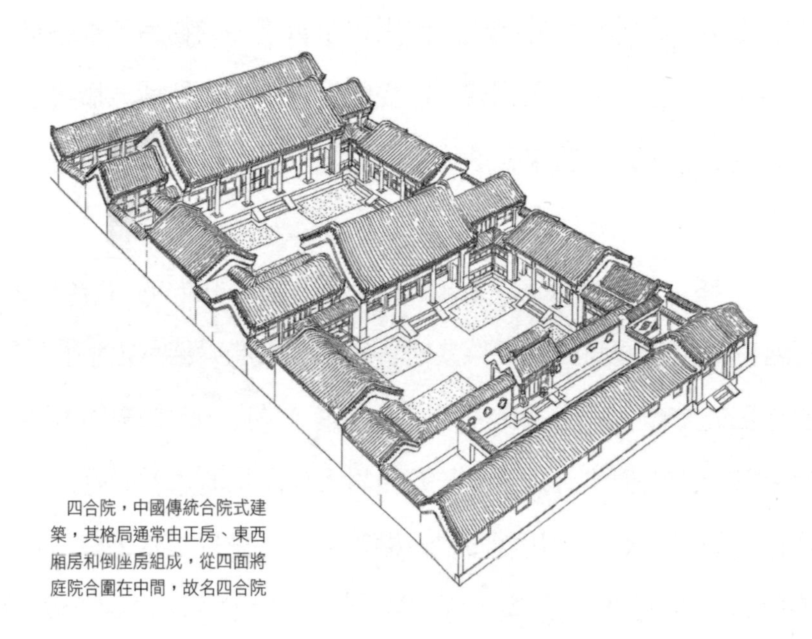

四合院，中國傳統合院式建築，其格局通常由正房、東西廂房和倒座房組成，從四面將庭院合圍在中間，故名四合院

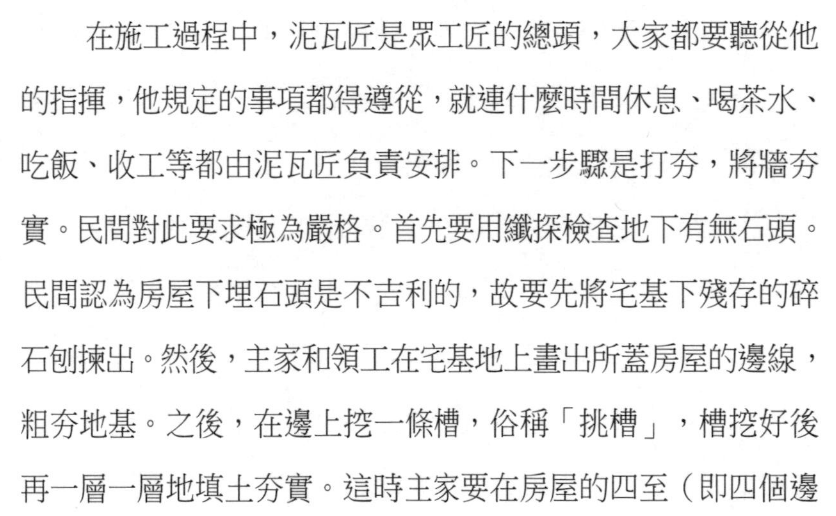

在施工過程中，泥瓦匠是眾工匠的總頭，大家都要聽從他的指揮，他規定的事項都得遵從，就連什麼時間休息、喝茶水、吃飯、收工等都由泥瓦匠負責安排。下一步驟是打夯，將牆夯實。民間對此要求極為嚴格。首先要用鐵探檢查地下有無石頭。民間認為房屋下埋石頭是不吉利的，故要先將宅基下殘存的碎石刨揀出。然後，主家和領工在宅基地上畫出所蓋房屋的邊線，粗夯地基。之後，在邊上挖一條槽，俗稱「挑槽」，槽挖好後再一層一層地填土夯實。這時主家要在房屋的四至（即四個邊

角）處布下厭勝錢。此物是人們用以求吉避災的物品。普通家庭用銅錢，富戶人家用銀錁，以雙數為吉，凡此種種，都謂之「金錢窩」，以此祈求家族或家庭財源茂盛，人丁興旺，趨吉避災。

上樑，是建造儀式中最講究的一項內容。民間的四合院、三合院等平房建築講究四梁八柱，以木結構的梁架承重整個房屋頂部的重量，有「牆倒屋不塌」之說。為此，人們對維繫著房屋安全的大樑格外重視。一方面對大樑所用的木材的選擇有嚴格的規定，如只許用杉、松、榆等木，最忌用桑木，有「頭不頂桑，腳不踏槐」之說。這是因「桑」與「喪」字諧音所致。另一方面，上樑標誌著建房將大功告成，所以決不可以馬虎從事。首先，主家要請人算好上樑的良辰吉日，通常是在上午舉行，以正午時完成上樑工序為最佳。

上樑前，主家要為親朋好友和鄰居家送高粱酒，謂之「上樑酒」，取「良久」「長久」之意，以此祈求鄰里和睦，親朋多方關照。凡收到上樑酒的親朋鄰里也都要攜禮物前來祝賀，富戶人家還要擺酒席招待來賓，大梁要事先用紅布或紅紙蓋嚴實，上面貼「上樑大吉」等吉慶聯語。同時在梁上還要綴一個用紅綢拴上的由木匠事先做好的半尺餘長的「木線」或一雙家用筷子。

往上吊梁時，木匠要手拿方尺，據說可避五鬼侵擾。同時，要有兩三個人負責燃放鞭炮、兩響，直到大梁落穩放好為止。此時，聞風而來的乞丐們紛紛高唱上樑喜歌，以討主人歡心，多得賞錢。這時，主家特別盼望和歡迎乞丐的到來，視為吉兆。如果沒有乞丐，還要特意派人去尋，有「花子頭唱喜歌必發無疑」之俗語。這些乞丐（俗稱「花子頭」）所唱的喜歌都以數來寶的形式讚美主人及其家宅，並對主人今後的生活給以美好的祝願。如至今流行於西青地區的《上梁喜歌》：

這棵大樑是好梁，它的來歷有名堂。

師傅路過臥龍崗，看到此梁有貴樣。

回到家裡一商量，雇得大車和小輛，把這寶梁拉回莊。

這梁好比一條龍，搖頭擺尾往上行。

停在空中它不動，單等主人來掛紅。

掛紅掛在九龍頭，年年五穀大豐收。

掛紅掛在九龍腰，人財兩旺步步高。

掛紅掛在九龍尾，後輩做官清如水。

正念起，抬頭看，群仙賀喜到跟前。

上八仙，下八仙，還有劉海撒金錢。

一撒金，二撒銀，三撒騾馬成了群。

福祿財喜代代傳，富貴榮華萬年春。

……

大梁上好後，不可以放著過夜。因此，大梁安穩好後，工匠們會馬不停蹄地迅速進行貫椽。貫椽時講究根部都朝下，椽不能壓脊椽的中點，而且兩個椽交接處貫椽時忌諱一根椽壓兩根檁。此外，對椽所使用的木材也有嚴格的規定，不能用槐、桑、棗等木。貫椽後便要在椽上釘連簷，連簷的介面不可以及閘正中相對或與對面房子的門相對。連簷釘好後，工匠們才可將餘下的鋪葦箔及和泥鋪瓦等活計放到改天再繼續。主家這時一定要備好撈麵款待眾工匠。

一般來說，從此時開始房子算蓋好了。民間講究新房子不能空著，故要留一人看守，或者可將主人的一雙鞋子放在空房裡，認為能起避邪除祟的作用。

鋪頂，是房屋建造外裝修的最後一道工序。天津民居以兩面坡住房為多，少有一面坡和平頂房。

兩面坡的住房須在頂部起脊，俗稱「兩出水」，實指雨水可從兩面流下，防止下滲。此外，從形象上又可以增添房屋的高度和氣勢。房脊的裝飾性也較強，通常把兩頭做成雞頭狀，有的裝飾磚雕。就三合院和四合院的房屋來說，鋪頂的方法基本上是在木椽子上鋪木板，然後排磚墊土，抹灰壓實，講究者全頂掛瓦，略次者在兩側靠近山牆處掛幾道瓦，其餘處鋪灰，若做圖案者，稱為「棋盤頂」。無論掛全瓦，還是部分掛瓦，其房屋頂部的房檐均排瓦件，俗稱「滴水簷」。

頂部鋪好，便可進行房屋的內部裝修。舊時，主要是在房屋頂和四壁套青灰、白灰，地鋪大方青磚，最後是油漆門窗。至此，房屋的建造才算正式完成。

建瓦房覆頂，瓦的行數喜單忌雙。河南林州市一帶傳說木工祖師魯班乳名叫「雙」，為避其諱，所以房瓦忌雙行。也有人認為，依據傳統的數位陰陽屬性，「雙數」為陰性，而房頂在上，宜屬陽，故雙行瓦不吉。

建灶禁忌：鍋灶或火塘是住宅中必有、每家必備的，因此漢族民間十分重視建灶。浙江一帶民間認為，二八月建灶不吉；建灶時忌孕婦或戴孝者在場觀看，以為這些人「不潔」，可能會冒犯灶王爺;火門忌朝東、西、南三面,宜向北方,俗語有「火門燒北,金銀成堆」;不過,也有的地方忌火門向北。

主房建畢,要在四周增建房屋亦有禁忌。據《論衡・四諱》

魯班,春秋時期魯國著名工匠,被後世尊為中國工匠「師祖」

載:「俗有大諱四:一曰諱西益宅,西益宅謂之不詳。」所謂西益宅,就是房宅向西邊擴大。另據《風俗通義》載:「宅不西益。俗說西者為上,上益宅者,妨家長也。原其所以西益者,禮記曰『南向北向,西方為上』。爾雅曰:『西南隅謂之隩』,

尊長之處也。不西益者，難動搖之耳。」這種以西為尊的風俗有著悠久的歷史。然而在東北一帶的民間，有以東為尊的習俗，認為住宅向東邊擴建不吉。

有關房舍修造的種種禁忌歷史悠久，然而各地常常不同。雖然它們常以「迷信」的形式出現，但並不意味著沒有合理性的內核。

擇宅喬遷禁忌

喜遷新居是人生的重大喜事之一，幾乎和洞房花燭夜、金榜題名時不相上下。對於多數人而言，它意味著成家立業，因而是值得慶賀的日子。民間非常看重喬遷，因而在搬家時常有一定的民俗儀式，並形成了一些特殊的禁忌。

民間有「宅姓不符」之忌：早在漢代，人們就把宅按五音分類，而姓也是分五聲的，民間忌宅姓不符。據《論衡・詰術》云「《圖宅術》曰『宅有八術，以六甲之名數而第之，第定名立，宮、商殊別。宅有五音，姓有五聲。宅不宜其姓，姓與宅相賊，則疾病死亡，犯罪遇禍』。」顯而易見，漢人已經把當時流行的五行思想應用於主人的「姓」與住宅上了。所講的原理很簡單，宅與人符合五行相生的原則，則吉祥如意；如果彼此相剋，則不吉。

另外，大門的朝向與主人姓氏也應符合五行相生的原則，《論衡・詰術》引《圖宅術》云：「商家門不宜南向，徵家門不宜北向。」而《無何集》又云：「角家門不宜西向，宮家門不宜東向。」俗以為，「五姓之宅，門有宜向。向得其宜，富貴吉昌；向失其宜，貧賤衰耗。」事實上，用五行生克來推斷主人與住宅適合與否的做法，近代以來並不常用。

現在民間推斷住宅與人是否適合，常用八卦的方法，即用羅盤測得住宅方位，根據住宅的坐向確定其屬性，如坐向南的住宅稱為「子山午向」，即為「坎宅」。這樣，按八卦方位，可以有八種住宅，分別用八卦的卦名來確認；然後又把八種住宅分為兩類，即乾、兌、艮、坤為西四宅，離、震、巽、坎為東四宅。宅主人的命理也依據出生年月日推算，分為東四命與西四命。風水術認為，屬於東四命的人，只宜住東四宅；屬於西四命的人，只宜住西四宅。若東四命者居西四宅，或者西四命者居東四宅，即犯「宅姓不符」之忌。

事實上，在擇宅遷居的過程中，人們更在乎那些能看得見且易操作的禁忌習俗。如忌廁所門對著其他房間的門；忌臥室三面都是窗子；忌臥室大而客廳小；忌山脊棱線上的房子；忌房子蓋在河流或水溝上；忌地基前高後低；忌馬路高過地基；忌屋形不整，歪斜破碎；忌馬桶或爐灶正對大門，或一開大門即可見到馬桶與爐灶；忌房子在廟前或者廟後；忌前路直沖或反弓；忌宅內生大樹；忌前門與後門在一條直線上；忌採光不好，

全宅昏暗；忌房子位於雙路交叉成剪刀形的路口；忌廁所或廚房在房子的正中央；忌屋子的中心點在室外；忌進入大門，客廳在最後面或最遠處；忌地基不穩；忌低窪地有水患；忌山谷出口或山窪迎風處；忌開門即見墓地或者殯儀館，太近也不宜；忌在高架橋下，高架路邊；忌樑柱太多而天花板太低。

俗語說「人搬窮，火搬熄」「人搬三道空，火搬三道熄」，顯然中國人一般是不喜歡遷居的。但是遇有特殊情況，又不得不搬家。民間認為，新房修造好或者選定買下時，應當儘快住人，俗以為新房忌空室，不然會有鬼祟。暫時無法搬入的，也應先放一些衣物在裡面，表示有人居住。正式遷入新居必須擇日諏吉，另外還要有一定的民俗儀式。

舊時認為，遷居應忌太歲。據《論衡・難歲》，「《移徙法》曰：『徙抵太歲，凶；負太歲，亦凶。』抵太歲名曰歲下，負太歲名曰歲破，故皆凶也。假令太歲在子，天下之人皆不得南北徙，起宅嫁娶亦皆避之。」太歲是凶神，面對和背對太歲所在方位遷居皆凶，所以為了趨吉，遷居時必須避開太歲。

民間還有「六臘月不搬家」的習俗，大約是因為這兩個月分別是一年中最熱的月份和最冷的月份，不適宜搬家。江浙一帶又忌正月、九月遷居，認為這兩個月遷居不吉。顯而易見，人們非常看重搬遷這件事，並且認為若不慎重對待，必然遭受凶禍。

民間供奉的東廚司命定福灶君和灶君夫人的畫像

遷居時，漢族認為「搬家先搬灶」，灶王爺與家譜要先遷移到新居處，然後才能搬別的東西。

入宅時忌「陰時」。民間認為，零時到中午十二時為「陽時」，中午十二時到夜間二十四時為「陰時」。入宅宜取陽時，忌陰時入宅。

傳統的遷居儀式中，需要上午祭神。而祭神時，忌用番茄、芭樂、番荔枝；宜用鳳梨、柑、柚、荔枝、李子、梨子、甘蔗、蘋果等。

忌「無火庵」。舊時建房前，要在吉地上行「火庵」，現在自己建房的少了，但入宅前也應當有「火庵」的儀式，如果沒有則不吉。所謂「火庵」，就是在入宅前三天將全宅的燈打開，連續三天三夜不息，直到入宅的當天為止。入宅後即可按正常的作息開關燈。「火庵」據說可以驅逐邪氣、轉陰為陽，而實際上這一舉動可以使室內乾爽，適宜人居住。

入宅後忌修造。新居如果想裝潢改建，應當在入宅前進行；入宅後忌再拆除或改建。

正式遷入新居之前，家具可以先行入內，但是忌定位。只有正式遷入的當日，才可以給重要的家具定位。

遷入新居的當天，全家人忌空手進入新居，應當手持吉祥物、金錢財物等入內。

若家裡供奉神仙靈位或者祖宗靈位，應當先安排家神靈位，後安排家具，否則不吉。

以上是漢族民間遷居的常見禁忌。除此之外，還有少數民族的遷居禁忌：

鄂倫春族遷居時，要先把「仙人柱」後面放的神像盒子搬走，然後再搬家；基諾族所住的大竹樓裡必須有男性家長，若某家男人死光了，就要拆掉房子，讓婦女回娘家或者改嫁；鄂溫克族搬家時，忌諱在故地留下不潔的東西，如指甲、頭髮、破布包、包腳布等；佤族人視綠色為不祥之色，忌將青樹葉及其他綠色物品帶進室內；裕固族俗以為虎日、狗日、鼠日、蛇日為凶日，忌諱於這幾日遷居。

住宅庭院禁忌

中國傳統住宅，以庭院式居多。據考察，這種住宅形式最早可以追溯到秦漢時期，經過隋唐的演變，到宋代已經基本定型。由於經過長期的歷史發展與積累，民間對於庭院的形狀、格局、排水、天井、花木等，都已經形成了成熟的看法，其中自然也少不了各種禁忌。

庭院形狀禁忌

庭院的形狀，俗以為正方形或南北長、東西短的主吉；東西長、南北短的主凶。子午線為南北線，宜長，卯酉線為東西線，宜短。民間俗語有「卯酉不足，居之自如；子午不足，居之大凶」「當院橫著長，必損少年郎」等說法。庭院忌呈簸箕形，即左右廂房外展，俗以為呈此形會失財。所以，建左右廂房時，要注意外段向裡收三分，俗以為這樣可以招財進寶。庭院又忌不呈方形，尤忌三角形，俗謂「三條腿的院子」。

庭院格局禁忌

舊時民間庭院非常講究格局，一般以一院四屋為定格，又以主房、偏房、門樓、廚房、廁所各有定位，不可錯亂，否則不吉。俗以為，庭院「宜實忌虛」：實有五，虛也有五；五實令人富貴，五虛令人貧賤。

五實：一為宅小人多；二為宅大門小；三為牆院完整；四為六畜齊全；五為水流東南。

五虛：一為宅大人少；二為門大宅小；三為牆院不整；四為井灶不處；五為地多屋少。

四方神青龍、白虎、朱雀、玄武

依俗說的「宜實忌虛」就是要求庭院格局殷實不虛，它們似乎是家庭貧富的原因；實質上，「五實五虛」是家庭貧富的必然表現，或者說是家庭貧富的結果。

如果庭院中有東、西廂房，那麼也會有相應的禁忌。依據傳統的四方神觀念，東方為青龍，西方為白虎；青龍為吉神，白虎為凶神。因此，民間認為，東廂房無論從高度還是從間數上，都應超過西廂房，否則即犯忌，不吉。俗語有「寧叫青龍出頭，不讓白虎張嘴」「寧叫青龍高一丈，不讓白虎壓一頭」，即是此意。

四方神青龍、白虎、朱雀、玄武。

正房與廂房的間數也有禁忌，民間認為宜單忌雙。通常以單間、三間、五間為一座，忌有雙數房間的房子，俗語有「四六不通脊，通脊死閨女」之說。民間又認為「四六不做主」，意思是說住進間數為四間或者六間的房屋，家人皆無主見。依據傳統的陰陽數理觀念，單數為陽，雙數為陰；相應的，雙數房間的房屋即為陰性，因此民間認為雙數房間的房屋不宜居住。「四六不做主」的說法顯而易見與男權社會有關：在男人權力主宰世界的時代，人們會認為世界由陽剛的一面控制，於是住在陰性（雙數房間）的房子裡，當然就無法「做主」了。

庭院排水禁忌

排水在民宅庭院中至關重要，《相宅經纂》卷三「放水定法」中講得很清楚，具體禁忌如下：

一忌「水破天心」

此忌的意思是，庭院中水忌直流，若直流即為「水破天心」，大凶。水流曲折如蛇樣，方吉。

二忌「八字分流」

此忌的意思是，庭院中的水若八字分流，則會破財耗氣，不吉。

三忌「水出門下」

此忌的意思是，排水應有專門的水路，忌從門下流出，否則意味著財散致貧。

四忌「流水穿房」

此忌的意思是，水宜從廳邊流出，不宜從房間流出；若流水穿房，則此屋難住。水若穿廳，也凶。

五忌「順流而下」

此忌的意思是，宅內排水的方向不能與宅外水流方向相同。庭院排水口的方向，宜與庭院外水流的方向相反，若相同，則不吉，主散財，不聚財。《相宅經纂》云：「蓋水為氣之母，逆則聚而不散；水又屬財，曲則留而不去也。」

庭院天井禁忌

舊式庭院中間的露天空地，叫作「天井」。由於它位於庭院的中心位置，所以特別為民間所重視。《相宅經纂》云：「凡第宅內廳外廳，皆以天井為明堂、財祿之所……橫闊一丈，則直長四五尺乃宜也；深五六寸而又潔淨乃宜也。房前天井固忌太狹致黑，亦忌太闊散氣，宜聚合內棟之水，必從外棟天井中出，不然八字分流，謂之無神。必會於吉方，總放出口，始不散亂。天井栽樹木者不吉，置欄者不吉……又房門不宜正對天井……」

庭院花木禁忌

人們喜歡在住宅庭院四周種植一些花草樹木，生活在綠色的植物叢中。然而，由於種種原因，民間又有一些庭院種植花木方面的禁忌。

在樹種選擇上，一般認為最佳的選擇是：東種桃柳（益馬），西種梔榆，南種梅棗（益牛），北種柰杏。又有「中門有槐，富貴三世，宅後有榆百鬼不近」「門庭前喜種雙棗，四畔有竹木青翠則進財」。

河南一帶，有「前不栽桑，後不栽柳，院中不栽鬼拍手」的說法。院前不栽桑樹，是因為「桑」與「喪」同音，出門即見桑（喪），不吉。後不栽柳，說法不一：一種說法是與死人有關，因「哭喪杖」「引魂幡」都是用柳木做的，墳墓後邊又要栽柳樹當作「搖錢樹」「墓樹」，所以柳樹易讓人聯想到喪事，故不吉；另一種說法是柳樹不結子，若栽於房後、院後，恐妨害、感應得這家人也無子孫後代了。「鬼拍手」是指楊樹，風一刮，楊樹葉子「嘩啦嘩啦」地響，像是「鬼拍手」，因此民間院內很忌諱栽楊樹，恐招來鬼魅，不吉。

山東一帶也有類似的俗信，即「前不栽桑，後不栽柳，院中不栽劊子手」。據說，如果庭前栽桑，就會喪（桑）失人口；庭後栽柳，就會留（柳）不住後代。「劊子手」是指桃樹，禁忌的原因說法不一：一種說法是桃花、桃枝、桃果實都是血紅色的，鬼怪都願意在桃樹上住，所以不能種在院裡；一種說法是桃木有法力，桃木多用來避邪，誰家種桃樹，主邪災多；一種說法是「桃」與「逃」諧音，因此種桃樹會逃荒要飯。

民間有「屋後不栽槐」的說法。據說，古時有尊槐的習俗，槐是吉祥、長壽和官位的象徵，因而民間忌在屋後植槐。

庭前、院內忌種大樹，民間認為，若大樹蓋頂則陽氣不通，陰氣升騰，吉祥不至，災病無窮，即所謂「大樹通軒，疾病連綿」。

《民怨祁寒圖》中可見傳統民宅格局及花木種植形態

民間還有一種禁忌，雖然與樹種無關，卻非常重要：若庭院內種植的樹木死了，必須立即刨掉，或另栽新樹，否則，會家運破敗，大難將至。

這些禁忌，貌似無稽，實則有理。不同的樹種，有不同的特性，因此適宜植於住宅庭院的不同方位；或從採光角度，或從美觀角度，民間禁忌常有不同的價值。

室內格局禁忌

民間看重風水，風水的原則不僅體現在住宅外部的大環境中，也體現在住宅內部的小環境中。因此，室內格局的禁忌並不比室外少。這些禁忌主要體現在門窗、客廳、臥室和廚房等方面。

門窗禁忌

門窗是住宅室內格局的重要構成因素，特別是門，歷來為民間所重視。人們把「成家立業」稱為「立門戶」，把「一家子」說成是「一個門裡的」。顯而易見，門即是家的代稱，可見在人們的心中，門有多麼重要。民間俗謂「宅之吉凶全在大門」「宅之受氣於門，猶人之受氣於口也，故大門名曰氣口，而便門則名穿宮」「地理（風水）作法……全借門風路氣，以上接天氣，下收地氣，層層引進，以定吉凶」。

普通民居，多坐北向南，風水師稱此種坐向的住宅為「坎宅」，其三個吉方為東、東南、南，故門常立於此三方，又以東南為最佳，俗稱青龍門。除三吉方外的其他方向均不宜立門。

忌諱「一房多門」。若一個房間有不同朝向的門，民間就稱為「鬼推磨」，這是室內格局的禁忌。

忌諱「門扇大小不同」。民間認為，若是雙扇門，兩扇門的大小應當一樣。如果一扇大，一扇小，則是犯忌。俗語有「左大換妻，右大孤寡」的說法，顯而易見是依據「男左女右」的原則，把門與人對應起來，認為門的大小會影響人的命運。這種脫胎於原始巫術的思想，沒有多少根據。

忌諱「門窗相對」。俗語有「門對窗，人遭殃；窗對門，必傷人」，意謂門窗相對，會有凶事。也有人認為，門窗相對會不聚財，特別是大門沖房門或者沖窗。另外，民間還認為「門對門」也是大忌，如果門及閘之間還連著長長的走廊，則更凶了。如果房子格局已經是「門對門」了，也不是沒有化解的辦法。民間認為，為犯忌的門位加上門檻，即有趨吉避凶的「功效」；若門檻下加上五帝錢（清朝國勢強盛時的五個朝代的錢，即順治通寶、康熙通寶、雍正通寶、乾隆通寶、嘉慶通寶），則效果更佳。

臥室禁忌

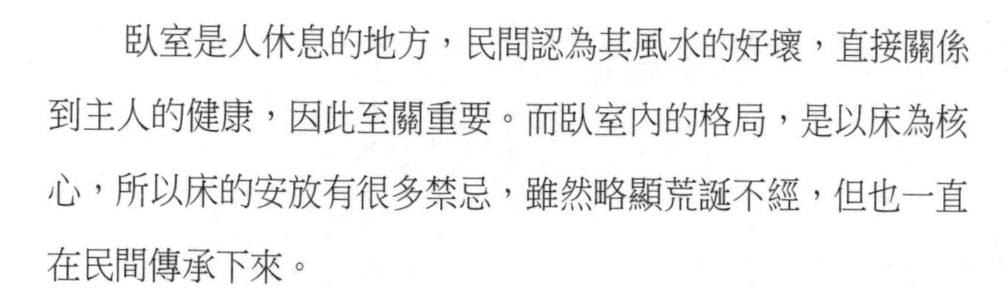

臥室是人休息的地方，民間認為其風水的好壞，直接關係到主人的健康，因此至關重要。而臥室內的格局，是以床為核心，所以床的安放有很多禁忌，雖然略顯荒誕不經，但也一直在民間傳承下來。

《八宅明鏡》載：「床怕虎門相沖。」可知睡床最忌及門相沖，也就是臥室的門不能正對著床。這裡所謂的「虎門」有兩個含義：一是形容門沖睡床可能帶來的兇氣如同猛虎；二是特指西門，依傳統的觀念，東方為青龍吉神，西方為白虎凶神，所以把西門稱為「虎門」。不論《八宅明鏡》中的「虎門」為哪個含義，門沖睡床都是犯忌的。

如果空間狹小，無法避免門與床相對，也不是沒有化解的辦法。民間認為，屏風能起到擋煞的作用，因此可以在門與床之間加屏風，也可以是能起到屏風作用的布簾、衣櫃等。

床頭忌朝北。《禮記・檀弓下》云：「葬於北方北首，三代之達禮也，之幽之故也。」這則記載反映了一個古老的風俗，在夏、商、周三代，安葬死者的最高禮節是屍體頭朝北。傳說中的陰曹地府叫「幽都」，而中原的北方，即河北省北部、遼寧省西南部一帶，古時也叫「幽都」。由於二者有某種聯繫，古人才會認為死人頭朝北，會走到幽都去。正是因為這個原因，生人的睡床忌諱床頭朝北。

床頭忌朝西。從佛教來看，佛陀的境界在西方。人死之後如果能到西方佛教的極樂世界，即可不再六道輪迴。因此，民間認為頭朝西有死亡之意，至今東北一帶民間舉行喪禮時，為死者引魂指路仍指向西方或者西南方。這樣，床頭朝西也就成了忌諱。

五帝錢

床頭忌朝北，是源於漢代之前中國固有的風俗；床頭忌朝西，是受漢代之後傳入中國的佛教影響。二者形式不同，實質是一樣的，即要避免生人的睡床朝向與死人朝向相同。

臥室內忌「電燈壓床」。民間認為，如果電燈壓床，則對主人的健康不利。

廚房禁忌

臥室中以床為核心，廚房中則以灶為核心。因此，廚房中的禁忌常與灶及民間信仰的灶神有關。俗語有「陽宅三要，門、房、灶」，可見民間對於灶的重視。

灶神，又稱為灶王爺，是中國民間信仰中最普遍的神。《禮記》中已經把灶神祭祀列入國家祀典，說明最遲在漢代，灶神就已經是我國民間崇拜的重要物件了。灶神的職責在漢代發生了一些變化：不再僅掌管飲食，而兼管人們的壽夭禍福。據《史記・孝武本紀》載，當時的方士鼓吹：「祠灶則致物，致物而丹砂可化為黃金。」可見，祭灶神，連黃金都可以得到。而《淮南萬畢術》則說「灶神晦日歸天，白人罪」，就是說，灶神逢月末，都要上天向玉皇大帝彙報這一家的人有什麼過錯，簡直就是天帝的耳目！由於灶神的特殊地位，民間歷來重視灶的禁忌，唯恐什麼地方得罪了灶神，在天帝面前被打了「小報告」。

忌「十字梁壓灶」。民間忌諱灶的上方有橫樑，認為這種情況叫「橫樑壓灶」。實際上，類似的情況還有「櫥櫃壓灶」，即在爐灶的上方有吊櫃；「鐵梁壓灶」，即爐灶上方有油煙機。一般來講，無論是單純建築上的「橫樑壓灶」，還是類似的「櫥櫃壓灶」「鐵梁壓灶」，問題都不大，民間最忌「十字梁壓灶」（多指樓房）。如果灶在十字梁下方，則形成了「十字梁壓灶」的格局。民間認為，這樣不僅所謂的「灶神」有受壓迫之勢，而且人在做飯時，也有受壓迫之勢，因而會對主人的健康有不利的影響。

忌「門沖灶」。民間忌廚房門沖爐灶，也就是房門正對灶火門。認為門沖灶會使家人的健康受損，尤其會造成家人胃不好，易肚子疼、消化不良。更忌屋門沖廚房門，而廚房門又沖灶，認為這樣可能招致「血光之災」。

忌「水位沖灶」。廚房的水位有來水位和去水位，也就是自來水龍頭和洗菜盆。俗語有「水火不容」之說，因而民間認為廚房中的水位正沖火位，不吉。

室內擺設禁忌

在家居生活中，人們並不滿足於吃飯、住宿等基本需求的實現。因而為了滿足更多的生活要求，住宅室內除了基本格局之外，還要附加各種擺設。這些附加的室內擺設，也有種種民間禁忌。

盆栽花木禁忌

很多人喜歡在室內用盆栽花木來美化環境。民間認為，室內花木不僅可以調劑身心，而且還能化煞轉運。當然，擺設不當，也可能起到相反的作用。因此，有關盆栽花木擺放的禁忌就不能不知道。

忌「時枯時榮」：室內花木，以四季常青者為佳，忌時有枯榮者。因為在室內相當長的時間裡擺放乾枯的花木，既不美觀，又不能旺運，只能起到相反的作用。

忌「帶刺花木」：有些花木品種帶刺，或者葉子呈齒狀，它們可能具有自我保護的功能。然而，對於人來說，「刺」與「尖齒」意味著破壞與不友好，因此忌諱擺在室內。而且，花刺對小孩來說也不安全。一般認為，室內花木以葉圓者為佳。

忌「陰氣過盛」：花木性屬陰，若其濕氣過重，對於人體是不利的，因此室內花木忌多，特別是臥室內，忌置花木。

忌「枝頭敗葉」：新陳代謝是植物的天性，即便是四季常青的花木，也會有敗葉的。民間認為，室內花木有枯葉，應當立即摘除，否則不吉。

鏡子擺放禁忌

鏡子是家庭中必備的物品，不僅可以用來打扮，也可以增加室內的亮度，擴大人的視野。從民間所信奉的風水來看，由於鏡子具有反射作用，因而有化煞功效。但福之所至，禍亦隨之，民間認為，鏡子擺放不當，可能招致陰邪、虛耗，輕者可能讓人驚恐、心神不寧，重者則會滋生暗疾。

忌「鏡子正對大門」。實際上，從民間風水原則來看，鏡子會擋煞，也會阻擋財氣。所以，正對大門擺鏡子，顯而易見不如在這一位置掛一幅「迎客松」之類的畫。如果來客進門第一眼看到的是自己在鏡子中的映射，這等於讓客人在瞬間「自省」了一次，在接下來的賓主接觸中，對方可能會很拘束；若進門第一眼看到的是「迎客松」，則對方從直覺上已經感受到主人的熱情，這可能會有助於雙方關係的融洽。這樣理解民間的「鏡子風水」，似乎是「小題大做」，但事實卻常常是「細節決定成敗」。

忌「鏡子照床」：臥室內擺放鏡子要特別慎重，一定不能讓鏡子照到床。民間認為，鏡子有「攝魂」的魔力，如果鏡子照到床，可能會使主人身體虛弱，錢財流散，也可能引得夫妻生「牆外桃花」，也就是婚外情。

忌「斜鏡」：「斜」與「邪」同音，故民間認為「斜鏡」可能招邪。由於鏡子斜掛，其反射的範圍會更大，因此更易讓人驚恐、疑懼。臥室內尤其忌掛斜鏡。

總之，家中的鏡子必不可少，但卻不宜太多。否則，不僅可能會導致漏財，而且還會讓人夜裡感到陰森恐怖。

時鐘擺放禁忌

《周易》中有「吉凶悔吝生乎動」一說，被民間當作風水學的一條基本原則，意思是說，吉凶都因動而生，如果不動，也就無所謂吉凶了。在住宅中，本來沒有特殊意義的空間方位，卻被人們人為地賦予了「吉」「凶」的人文意義。俗以為，吉的方位有動，可能會促成好事；凶的方位有動，可能會導致災難。

《點石齋畫報》中的室內擺設格局

時鐘是每個家庭必備的物品，其特殊性在於每分每秒都在動。依據民間所信奉的上述原則，時鐘擺在吉方，則會生吉；時鐘擺在凶方，則會招災。由此就有了時鐘擺放的禁忌。按照中國傳統的四方神觀念，東方青龍為吉神，西方白虎為凶神，所以時鐘忌擺在西方。

但是，民間同時還有「六合貴位」之說，即與住宅主人生肖相合的方位為「六合貴位」，此位是住宅主人自己的財氣位，最適宜動，動起來會使自己的財運旺盛。據此，時鐘最宜擺在主人的「六合貴位」上。十二生肖的「六合貴位」具體如下：鼠生肖的六合貴位為東北方；牛生肖的六合貴位為北方；虎生肖的六合貴位為西北方；兔生肖的六合貴位為西北方；龍生肖的六合貴位為西方；蛇生肖的六合貴位為西南方；馬生肖的六合貴位為西南方；羊生肖的六合貴位為南方；猴生肖的六合貴位為東南方；雞生肖的六合貴位為東南方；狗生肖的六合貴位為東方；豬生肖的六合貴位為東北方。

其中，龍生肖的六合貴位在西，恰為白虎凶方，因此龍生肖的宅主人宜按照家裡其他人的六合貴位元來擺時鐘，否則自己財運好了，卻可能給家裡招來厄運。

飾物擺設禁忌

家庭中除了必要的生活用品之外，還常常有一些並無實用價值的飾物，人們賦予了這些飾物以一定的文化意義，這些家居飾物的擺設也有種種禁忌。

獅子忌單

民間認為，獅子具有避邪鎮宅的功效，因此常常在家中擺放。但是，不論擺放的獅子是石雕的還是木雕的，都應當一公一母，成雙成對，面向門外而放。若只擺放一隻獅子，則不吉。

馬忌向內

無論雕塑的馬還是畫上的馬，馬頭應向外，忌向內。民間認為，馬頭向外，是外出求財；若馬頭向內，則會損毀家具，導致家宅不寧。

鹿忌朝外

「鹿」與「祿」音同，民間認為，鹿首向內，即是「進祿（鹿）」。鹿首向外，則不吉。因此，無論雕塑的鹿還是畫上的鹿，都以首向宅內為宜。

虎忌下山

虎是家庭裝飾畫的常見題材，民間認為，虎宜以上山回首姿態為佳。虎被譽為「山林之王」，上山則稱王稱霸；若虎下山，不僅可能會傷人，而且民間還有「虎落平陽被犬欺」的說法。因此，「下山虎」是家庭裝飾畫的禁忌。

虎忌下山

船 忌 出 港

裝滿金銀或有「一帆風順」字樣的船體模型與繪畫，也是人們所喜愛的家庭飾品。然而，民間對於船首的朝向卻大有講究，船首向宅內，意味著進財；船首向宅外，則暗示著破財。

劍 忌 無 穗

有人喜歡把木劍、鐵劍一類的兵器作為裝飾物擺放在家中，認為這些裝飾物有鎮宅的功效。但是一般認為，兵器宜加紅穗，否則陽氣太過，殺氣太重，反倒不利於家宅的安寧。

水 忌 外 流

「水主財」，在民間人所共知。財宜進，不宜出；相應的，水宜流向家裡，不宜流向宅外。因此，家中掛山水畫時，一定要注意水的流向。此外，畫中山水，宜有活水流入，忌死水一潭。這與擁有財富的道理是一樣的，已經有了多少財富不重要，重要的是有新的財富源源不斷地進來。

龍 忌 無 水

民間認為，家中若有龍形圖案或者裝飾物，其龍首宜朝水或者能汲水。若無水，則不過是一條困龍。

忌 怪 異 物

家中忌擺放形狀怪異的木偶、動物的頭顱、古舊神佛等，民間迷信認為，此類裝飾物來歷不明、性質不清，易招來邪靈，恐對家人的健康不利。另外，一些古董作為收藏品可能是價值連城的，但卻不一定是合適的家庭裝飾品。收藏者宜用專門房間來陳列古董，不宜把古董擺於客廳，更不宜置於臥室。

家居使用禁忌

不僅家居的格局、裝飾物的擺放有禁忌，家居的日常使用也有禁忌。民間認為，只有通過恪守家居使用的禁忌，才能維護居住空間的神聖性，從而使趨吉避凶的心理得到滿足。家居使用禁忌包括敬神禁忌、起居禁忌和旺財禁忌等等，雖然其間不乏迷信之說，但也有一定的民俗文化傳承意義。

敬神禁忌

在民間，很多家庭都會在家中供奉神靈及祖先，舊時稱為「香火」。如《八宅明鏡》中云「土地祠神，祖先祠堂，皆香火也」，而現在多稱「神位」。其中，供奉最多的是觀音、關帝和財神。在大乘佛教中，觀音菩薩的位次僅次於佛。相傳觀音立誓，要等到普度世上一切受苦受難的眾生後，自己才會成佛。然而，人世間的苦難是無窮無盡的，觀音只得永遠屈居菩薩之位。所以，民間常稱觀音為「救苦救難的觀世音菩薩」。關帝原型為三國時的名將關雲長，他生前忠心耿耿、疾惡如仇，死後成為人們崇拜、祭祀的對象。自明清以來，關帝廟宇遍天下，不僅進入了國家祭祀的要典，而且也成為民間供奉的重要對象之一。舉凡司命祿、佑選舉、治病除災、驅邪辟惡、誅叛罰逆、巡察冥司，甚至庇護商賈、招財納寶等，均加到關帝名下。財神是民間最普遍的信仰物件之一，然而在不同的時代及

關公像

不同的地區，由於文化傳統的差異，人們對於財神的認識並不一致。據《集說詮真》講：「或稱北郊祀之回人，或稱漢人趙朗，

或稱元人何五路，或稱陳人顧希馮之五子，聚訟紛如，各從所好，或渾稱曰財神」。近代又有文武財神之說，以比干、關帝充之。

此外，民間供奉的神靈還有釋迦牟尼、金剛、太上老君、天后娘娘、土地等等。此外，有的家庭還供奉祖先。

一般來說，敬神禁忌體現在神位安放與祭祀規則上。

忌「西方安神」。從方位來說，神位宜安於吉位。據中國民間信仰，西方為四方神中的白虎凶神，故忌安放神位。因為安放神位後，早晚要敬香火。香火即是一種「動」，而《周易》上說「吉凶悔吝生乎動」，所以民間擔心西方安神會招來凶事。

忌「神位無靠」。神位最好靠牆，忌後面懸空或者靠窗。否則，主人的健康會日漸衰退。神位喜靜忌亂，忌被雜物遮擋，更不宜附近有電話、音響、電視、電腦等家用電器。

忌「觸碰神器」。神位忌被其他物體碰撞，更忌亂摸亂動，否則便認為是對祖先、神靈的侮辱。特別是未洗手時嚴禁接觸神案上的香爐、燭臺、花瓶、杯盞等祭器，否則祭祀的靈驗就會被破壞。

忌「跨越祭器」。祭神靈與祖先的祭器是神聖的。民間認為，跨越祭器，即是對神靈與祖先的侮辱。

忌「不潔者」祭神。舊時在民間看來，來月經的女人、孕婦、嬰兒、穿孝服者、受刑罰者均為「不潔之人」，而不潔之人是忌參與祭神的。

忌「敬神失時」。敬神祭神要守時，不宜提前更不宜延期，因為這樣可能會讓祖先或神靈失望。東北一帶，有春節時接「外出」的祖先回家團聚的習俗，非常強調接祖先要守時。民間認為接早了可能錯把「長門神」「討吃鬼」接來，接晚了祖先就會找不到家門。

起居禁忌

家居生活中的一些細節，也有禁忌。比如忌將兩把掃帚放在一起，因「掃帚星」是不祥之物，故兩把放在一起怕惡性威力大增；忌將兩把椅子對疊在一起，令人有「收場」之感，不吉；忌下午打掃庭院，恐不吉；掃地時忌從門裡往外掃，恐把財氣也掃出去；忌室內烘火時蒙頭大睡，俗語有「房裡無人莫烘火，烘火猶恐埋頭睡」；忌頭枕窗臺、門檻睡，《淮南子・氾論訓》中說「枕戶橉（門檻）而臥者，鬼神履其首」；忌睡覺時頭近窗，否則為不敬；忌睡覺時身體與房子大樑成交叉狀，即所謂「擔梁」，俗以為「擔梁」會導致貧窮；忌常關屋門，唯恐「關門絕戶」，導致沒有子嗣；忌用刀砍門檻，否則，家中會招災或破財；忌從鍋臺、火盆、三腳架上跨過；忌用腳蹬或者隨意坐在灶台上邊和旁邊；忌在灶口烤腳、襪子、靴子；忌將吃剩下的食物、骨頭等扔進灶中火裡；忌在灶頭舂鹽巴或在灶門前梳頭；忌在灶火旁邊吐痰、擤鼻涕或往火上倒水；忌在火塘旁分娩，裸露身體，大小便或燒、洗髒東西。

這些禁忌有神鬼之語，可能與人們的原始宗教信仰有關，本不足信。但同時我們也看到，其中的一些生活經驗還是有現實意義的。

旺財禁忌

除了想過祥和生活的基本要求外，人們最關心的就是家宅能給自己帶來什麼樣的財運。為了能夠「有效」地催財聚財，民間形成了若干有關家宅財位安排的禁忌。

可能是脫胎於原始的巫術思維，民間認為，家居中的某一個部位，與家庭的財運有著直接的關係，這個部位就被稱為「財位」。俗以為，如果財位佈置得好，家裡就會財源滾滾；如果佈置得不好，犯了禁忌，就可能破財，甚至招災。

財位在家宅中的什麼地方呢？不同地方有不同的說法。依據民間信奉的風水原則，藏風聚氣的方位稱為「聚氣位」，如果把「聚氣位」佈置成「財位」，那麼「財」就會隨著「氣」的彙聚而積聚起來，從而達到旺財生財的目的。這種方法看起來有點兒巫術色彩，但是由於操作比較簡便，因而還是比較適合表達人們追求財富的願望的。

楊柳青年畫·財神聚會大發財源

一個房間中，什麼部位能聚氣呢？如果把門視為「氣口」的話，那麼門口的斜對面就是氣流相對平穩的地方，基本上符合「藏風聚氣」的標準。因此民間認為把這個部位當作財位，會有助於改善家庭財運。

一般來說，財位宜擺放吉祥飾品，如金元寶、聚寶盆、財神，也可以是魚缸或者盆栽，如萬年青等等。另外還有人主張可以根據五行生克的原理來決定財位應當擺什麼。如果財位在東方，宜置盆栽或魚缸；如果財位元在北方，宜置金屬飾品，如銅錢；如果財位在西方，宜置陶制工藝品或金屬工藝品；如果財位在南方，宜置木質工藝品。

財位忌堆放雜物垃圾，宜優雅整潔、安靜美觀；忌陰暗潮濕，宜光線充足；忌有破損，如牆壁或天花板有破損，應儘快修復，否則不利於家庭的財運；忌擺鏡子，因為民間認為鏡子會阻擋財氣；忌擺放假花木，因為假花木雖然看上去可能也很好看，但是沒有生氣，故不宜放在財位上；忌擺放大的家具，以免把財氣「壓住」。

符鎮，是起保護家宅、祈求吉祥作用的物品。在民間最常見的是「靈石鎮宅法」「鏡子鎮宅法」「寶劍鎮宅法」及裝飾「平升三級」等方法。

靈石鎮宅法是設置「石敢當」或「泰山石敢當」。通常是每當住宅房屋、大門被巷口、橋樑或高大建築物所直沖時，就要在其正對處設置一塊石碑，或將石頭鑲於牆上。有時要刻上「石敢當」三個字或「泰山石敢當」五個字，以此象徵鎮壓不祥，敢擋天敵。

鏡子鎮宅法是設置「照妖鏡」，也叫「太平鏡」，常懸掛在門楣和屋脊正中，與石敢當設置的目的一樣。民間俗信，妖魔鬼怪忌照鏡。因為照鏡會使它們原形畢露，為此照妖鏡懸於住宅可以起到鎮宅壓邪的作用。現今雖平房漸少，但在單元結構的公寓式樓房中卻常可見到這種鎮宅方式。如在陽臺的門楣上懸掛一面小鏡子或在房廳對單元門的牆壁上懸掛穿衣鏡。

寶劍鎮宅法是將寶劍懸掛於室內。寶劍柄和套多為桃木，今常見的是龍泉寶劍。一般懸掛寶劍時還要用八卦錢拴劍穗。在房脊處裝飾「平升三級」（瓶笙三戟）磚雕也是鎮宅的一種方式。若是筒子院，則在迎大門的廈子間上製作一塊一米高的木擋板，上面做成「平升三級」的圖案，即由瓶、笙、三支戟組成，或由瓶和三支戟組成（瓶裡插三支戟），這既是借諧音象徵仕途飛黃騰達、平安順利，官職連續高升三級，又是一種避邪求吉的方法。

此外，流行於民間的貼門神像、貼春聯、貼吊錢兒以及舊時建的影壁等除具有一定的裝飾性外，都是具有避凶煞、擋邪祟功能的鎮宅方式。

裝飾吉祥圖案的磚雕、木雕與石雕。舊時的民居中，以裝飾磚雕和木雕為榮。盛行在房檐、房山牆、門楣、窗框影壁、柱礎石、板牆、屋脊、地磚、抱鼓石等處以磚雕或木雕的方式裝飾寓意深刻的吉祥圖案。這些圖案的構成多取諧音字，或以具有象徵意義的動植物及其他物品的組合來表達吉祥寓意。這些磚雕和木雕的運用，主要起裝飾作用，增加了民居建築的藝術美，也抬高了主人的身價，是一種財勢的象徵。同時，也反映了市民的生活情趣和精神境界。

平升三級（瓶笙三戟）

如「一品當朝」的圖案是一隻鶴立於潮水拍岸的岩石之上，牠昂首正望圓圓的太陽。圖案借鶴的雅名「一品鳥」，朝陽之「朝」與朝廷的「朝」同字，象徵仕途順利，權重德威。

「五福捧壽」的圖案以五隻蝙蝠環繞篆書「壽」字組成，借「蝠」與「福」同音，象徵福壽安康。

「四季常春」的圖案以四合如意形為輪廓，內置枝葉繁茂的月季花組成，借四合如意的「四」和月季花的「季」，象徵四季常春，花繁葉茂，前途似錦。

「竹報三多，梅開五福」的圖案以爆竹的「爆」與「報」同音，竹葉多生成三字形狀的特徵，象徵喜報多子、多福、多壽（三多）。以梅花呈五瓣狀，象徵五福臨門。

「封侯掛印」的圖案由楓樹、蜂巢、印綬掛樹和猿猴組成，寓「封侯掛印」之意。另有「馬上封侯」之說。

「鶴鹿同春」的圖案因民間傳說鶴有千年之壽，鹿是瑞祥之兆，故這種圖案的組合象徵夫妻偕老，百年長壽。

「四藝圖」的圖案表現的是琴、棋、書、畫四藝。古代文人講究精習撫琴、弈棋、讀書、繪畫四種技藝。此圖案體現的是一種超脫世俗、清高無上的精神。

「福壽綿長」的圖案由蝙蝠、壽桃、盤長、雲紋等組成。以壽桃寓長壽，蝙蝠寓福，盤長寓綿長不斷，象徵福壽無疆、頤養天年。

「福壽雙全」的圖案由篆書「壽」字和兩個古錢、兩個蝙蝠組成。因銅錢古名「泉」，泉與「全」同音，蝙蝠銜雙錢寓意福壽雙全。

五福捧壽圖

「金衣百子」的圖案是一隻落在石榴樹上的黃鸝鳥。黃鸝鳥的雄鳥羽毛呈金黃色，如身披金衣一樣，故圖案借黃鸝金羽與石榴多子的特點，寓官居高位、身披金袍、百子圍膝的吉祥之意。

此外，還有「一路連科」「一品清廉」「人壽年豐」「犀牛望月」「雙魚吉慶」「丹鳳朝陽」「龍鳳呈祥」「仙壺吉慶」「吉光高照」「歲寒三友」「連中三元」「官居一品」「金玉滿堂」「松鶴延年」「春燕剪柳」「聞雞起舞」「鴛鴦合氣」「瑞應祥麟」「椿萱並茂」「教五子」「暗八仙」「榴開百子」等等都是典型的吉祥圖案。從構思到表現，其手法多樣而繁複，無論象徵和隱喻，都代表著一定的祈求心理，具有一定的社會意識傾向和感情色彩。

厭勝錢，是一種精神上的寄託和嚮往。多在蓋房中將銅錢或銀錁埋於宅基四周，以此物品表達求吉的心理願望。此外，上樑時用綢帶懸於梁上的「木線」或筷子，以及覆於梁上的紅布、紅紙都是厭勝物。

必須指出的是，家居旺財的禁忌習俗，只適合表達人們追求幸福生活的願望，增強家人的自信心，增加居室的文化氛圍。如果有人想僅僅通過佈置居室的「財位」，就不勞而獲，則簡直是笑話。

儀表禁忌

中國人自古以來就喜歡講相人術。舊時有所謂「誠於中，形於外」的說法，即是好人還是壞人，總會在外表上體現出來的。於是，從五官長相到服飾舉止，都有了形形色色的禁忌。

面相禁忌

面，也就是臉，是人的儀表，同時也代表著人的尊嚴，故向來為人們所重視，俗語有「罵人不揭短，打人不打臉」的說法。不僅如此，民間還認為面相與人的性格、命運等也是相關的。至少在漢代之前，中國就出現了相人術。由於不像周易卜卦那樣煩瑣，因此相人術在民間廣泛流傳。時至今日，好事者以給人看相作為消遣的事，並不鮮見。

從根本上講，相人術就是「看人」的學問，即通過人的形貌來推斷人的性格與能力，並進一步判斷其吉凶禍福。實際上，我們在與他人交往的過程中，時時刻刻都在做這樣的事，只不過經驗不同，能夠做出的推斷也不同罷了。

從歷史上來看，看相算不上是專業的技術，只不過是有些人偏愛且經驗豐富而已。據《史記》記載，漢高祖劉邦發跡前，不過是家鄉沛縣的一個亭長，管一二百家，大約相當於現在農村的村主任吧，還不一定有「幹部編制」，只不過是一個小混混。有一次，縣令的朋友呂公來做客，道賀的人非常多，於是規定賀錢不滿一千的坐在堂下。劉邦一個大錢沒帶，只寫了「賀錢一萬」的帖子，就進去了。呂公一見劉邦，非常敬重，宴會

漢高祖劉邦像（明人繪）

之後把他留下，對他說:「從年輕的時候起，我就喜歡給人相面，但從來沒有見過像你這樣有富貴相的。」於是，當場做主把自己的大女兒，即後來的皇后呂雉，許給劉邦為妻。後來，呂雉

直到給劉邦生了一兒一女，也沒有看到劉邦的富貴。有一次她帶著孩子下地幹活，遇到一位老者。老者給他們相面，先相呂雉，說她是「天下的貴人」；再相她的兒子，也就是後來的孝惠皇帝，說「夫人能成為貴人就是因為他」；最後相她的女兒，即後來的魯元公主，說「也是貴相」。老人相完面後剛走不遠，劉邦來了。聽呂雉說了剛才相面的事，劉邦就去追老者，想進一步詢問。老者說：「剛才我給你的夫人和孩子相了面，都是富貴命，而你的面相更是貴不可言。」

我們無法驗證上述記載的真實性，但它至少表明，在《史記》成書的時代，相人術是廣為流傳的。經過兩千多年的發展，中國民間的相人術積累了豐富的經驗。據民間相術，人面相的禁忌有，忌五官不正，俗話說「五官不正，邪氣通天」，也就是認為人品性的優劣，會在面相上表現出來；忌腦門和下巴不對稱，俗話說「天地不對稱，一生命苦受孤伶」「下巴歪，衣食貧窮少人來」；忌頭大面小，俗說是「頭大面小，終身不了」；忌面上有痣，俗話說「頭無惡骨，面無善痣」「平痣無事，鼓痣招事，黑痣主吉，白痣主凶」；忌女人顴骨高，俗語有「男人顴骨高，生來志氣高，女人顴骨高，殺夫不用刀」；忌人中狹窄，俗說是「人中一條線，有子也難站」；忌面生橫肉，俗以為面生橫肉定非善者；忌面色昏暗，民間認為面色發青、發黑、灰暗都是有凶禍的徵兆，也是不長壽的預示；忌面色與身體膚色不協調；忌縱紋入口，俗以為縱紋入口的人會餓死。

按說面相特徵與人的性格、命運並沒有直接的關聯，但是民間卻相信，這其中甚至包括像司馬遷、班固這樣的大學者。據《漢書》記載，開國功臣周勃的兒子周亞夫做河內守時，遇到一個叫許負的人給他相面。許負說周亞夫三年後封侯，八年之後有將相之尊，九年之後會餓死。周亞夫覺得可笑，說：「既然貴如將相怎能餓死呢？」許負指著他的嘴說：「你臉上有縱向的紋理入口，這就是將來會餓死的相。」後來果然如許負所言，周亞夫因罪下獄，五天未吃東西，結果餓死了。

還有一個故事，說漢文帝時有一個叫鄧通的人，本來沒有什麼本事，只不過因為皇帝夢到了他，他就得到了皇帝的寵信。鄧通只要哄得皇帝高興，就可以安享富貴。有一次皇帝請人給鄧通相面，相面的說他將來會餓死。漢文帝說：「我可以給鄧通富貴，可以賞給他一座銅山，讓他自己去鑄錢，看他還能不能餓死！」皇帝真照說的做了，這樣鄧通就得到了通天的財富。

後來，漢文帝去世了，漢景帝即位。漢景帝很早就看不起鄧通，

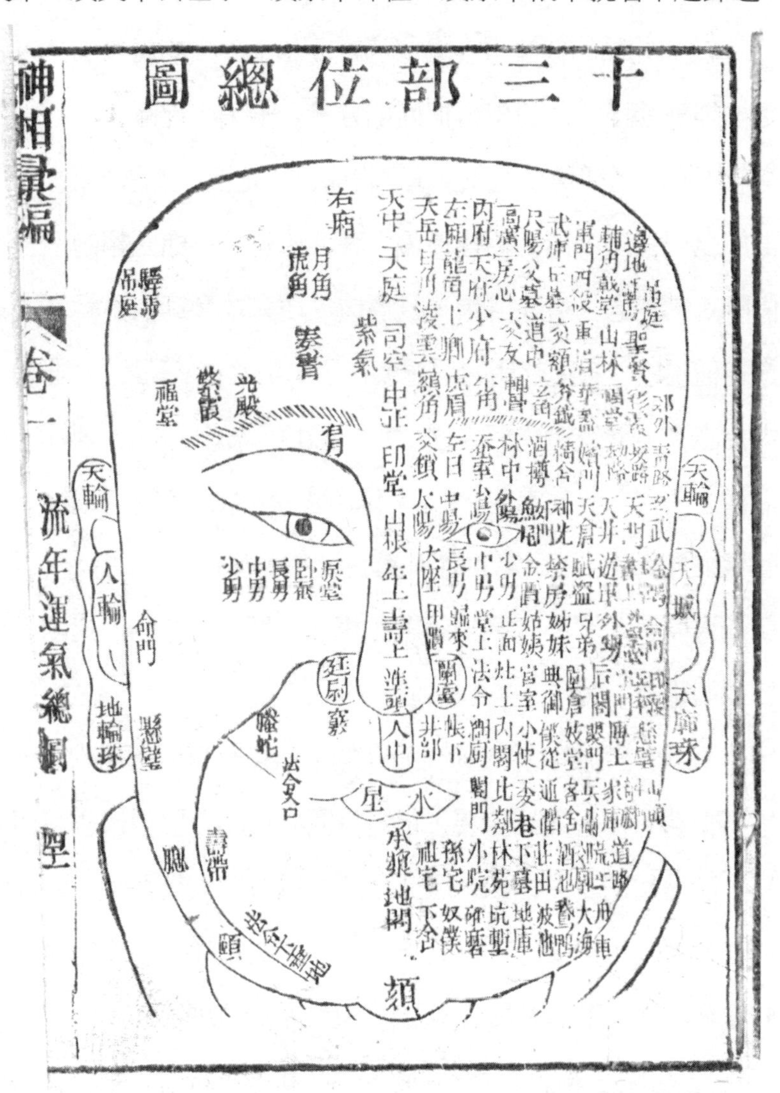

麻衣神相・十三部位總圖

沒過多久就讓他下獄。最後，鄧通真的餓死在獄中。

諸如此類的傳說很多，經過民間相術方士的口頭加工，就更加神乎其神。民間相術把面部分為若干個「社區」，不同部位用不同的名稱標示，簡直複雜得像一張地圖，術語五花八門，再加上一些江湖術士招搖撞騙，讓人們對於各種面相的禁忌將信將疑。不過，這種俗信一旦形成，便有眾多篤信不疑者。針對這種現象，戰國時期的思想家荀子，早就在《荀子 ・ 非相》中指出了，他說：「相人之形狀、顏色而知其吉凶、妖祥，世俗稱之。古之人無有也，學者不道也。」意思是說，根據人的面相來推斷其吉凶，老百姓有講的，古人卻不講，學者也不講。荀子還列舉了許多實例來論證面相之法是不可信的，指出「相形不如論心」。

荀子的說法對於破除一般人的迷信是有積極意義的，但是也不盡然，知心固然重要，但短時間的接觸，要想知心談何容易！而面相則一見即知，因此生活中以貌取人者非常多。例如清代封疆大吏曾國藩，就曾充分地將民間相術中的理論積極用於實踐，選取了一大批日後為國為民立下大功的人才。

據說曾國藩任兩江總督時，曾暗訪淮軍眾將。當時正值休息，眾人做什麼的都有，有喝酒的，有劃拳的，有唱歌的，有閑坐的……曾國藩暗中審視，忽然發現一個很特別的人，只見他光著膀子，一手拿著酒杯，一手拿著書，邊喝酒邊讀書，根本不注意旁邊的人做什麼。曾國藩發現他正在讀《史記》。回去之後，曾國藩對淮軍主帥李鴻章說：「外面光著膀子喝酒讀書的人很不一般，他面長而廣，聲若洪鐘，大有雄俠威武之氣。你這些下屬前途都不錯，但這個人將遠遠超過其他人。」這個人就是著名的大將劉銘傳，他戰功卓著，被封為男爵，在淮軍中是第一人；接著又在臺灣的基隆、淡水打敗法軍；後為首任臺灣巡撫，在台期間，政績不可勝數。

曾國藩不僅在實踐中運用相人術選擇人才，而且還把自己的經驗寫成一本書，叫作《冰鑒》。雖然借用了傳統的相人術語，但是他做了許多簡化的處理。

總之，民間相術中提到的面相禁忌，我們不宜神祕化、絕對化，但在生活中稍加留意，有意識地加以調整，還是有益於在日常交往中給他人一個良好的印象的。

頭髮禁忌

中國人對頭髮是很看重的，自古就有「身體髮膚，受之父母，不敢毀傷」的訓誡。因此在古時候，無論男女都要留長髮，只有犯人受懲罰時，才被剃去頭髮。隨著醫學的發展，人們漸漸認識到頭髮與身體健康息息相關，《康熙字典》中就有「腎之華在髮」「血之榮以髮」的說法。不過，民間對頭髮的看法卻常常帶有神祕的色彩，也許是聯想到「山以草木為髮」，而草木是野獸隱現出沒之地，民間認為人的靈魂可能也會隱藏躲避在頭髮之間。如果傷害頭髮，身體的健康就會受到影響；如果剪下的頭髮被仇人拿去，他們就會通過對頭髮實施巫術來傷害自己。由於頭髮與靈魂有關聯的觀念，再加上封建禮教、功利思想的影響，故就有很多關於頭髮的禁忌：

一忌「幼剃頂髮」

新生兒滿月前是禁止剃去胎髮的，否則小兒就有夭折的危險。即便是滿月後或者是百日後剃胎髮，正頭頂上的胎髮也是動不得的。正頭頂俗稱「天靈蓋」，民間認為那裡可能就是靈魂出入的地方，因此要格外小心避忌。小孩子剃頭，周圍的頭髮都可以剃光，唯有此處的一定要保留下來。這裡的頭髮長長了，就梳成一個小辮，髮梢上繫一根紅頭繩，以示警戒。有的地區流行在小男孩後腦，或在頭頂的一邊留一撮頭髮不剃，一直讓它長到十二三歲才剃掉，俗稱「老毛」，是祝願小孩兒成人、高 的意思。家裡人越是疼愛一個男孩兒，就越如此，其意義可能是希望讓靈魂長駐其髮間。

男孩的髮型中可見民間禁忌

二忌「冒犯菩薩」

彝族男子特別看重頭頂前端的一塊方形頭髮，俗稱「天菩薩」。他們以為，這不僅是本人尊嚴的象徵，而且內藏著「天神」，決定著本人的命運，是絕對不可以侵犯的。如果被他人觸摸了「天神」，不論是有意還是無意，本人都會認為這是件倒楣的事情，必然要奮起反抗犯忌者，而犯忌者也會自認為無理。婦女尤其不能碰到男子的「天神」，如果婦女冒犯「天神」，將對此男子終身不利。這種禁忌習俗在彝族一直被嚴格地遵從著，即使是在一對仇敵械鬥時，彼此也嚴禁觸摸對方的「天神」。

三忌「服喪理髮」

中國民間流行有喪事時忌理髮、剃須的習俗。若家裡親人亡故，本家男子便在一個月或百日內不得理髮、刮臉。此習俗，可能有多種原因。一般認為，依儒家的觀點，一個人的身體，包括髮膚甚至指甲，都是父母生命的延續，是必須要愛護的。如果有人故意傷害自己的身體，即是對父母的不孝。在服喪期間不理髮，可以表達對父母所給予身體的愛護，以示孝敬之心，以表哀痛之情。也有人認為，服喪期間，悲慟欲絕，無心整理容顏，不理髮是孝心的自然流露。這兩種解釋，都比較接近於儒家的主流思想。

四忌「正月剃頭」

俗語說「正月理髮死舅舅」，其實不然，清朝《禮書》中記載說，正月理髮原意為「思舊」，後來口耳相傳，傳成了「死舅」。實際上，「正月不理髮」的說法最早源於唐朝。據說唐人稱理髮為「消耳」，稱正月為「金月」，現在所說的「正月理髮」，在唐朝就會被說成「金月消耳」；而唐朝時有一種武器名曰「金鉞」（鉞，與「月」同音），是當時官府處決犯人時用的砍刀。這樣，「金月消耳」與「金鉞消耳」就是同音了。既然「金鉞消耳」是上法場砍頭，誰還敢在「金（正）月消耳（理髮）」啊！

五忌「草木凋零」

頭髮既然是靈魂的棲止之所，是生命的象徵，那麼落髮自然也就是人們所忌諱的事了，尤其所謂「木形之人」落髮就更凶了。「山以草木為髮」，每年秋天，草木凋謝，生命的跡象也隨之消歇。看到落髮，自然也就讓人聯想到「靈魂的棲止地變得荒蕪」，感慨時光已逝，歎息青春不再有。至於民間流傳的「髮疏皮薄皆貧相」說法，顯而易見是宿命論的老調。一般來說，落髮禁忌反映了「惜發」的心理。在個別情況下，這種禁忌也可能是出於一種擔心，即落髮可能被仇人在巫術中利用，自己的身體會由此受到傷害。

六忌「揠苗助長」

白髮意味著生命的衰弱，是人到老年的象徵。隨著白髮的日益增多、黑髮的逐漸減少，似乎人生命中的「元氣」也隨之跑掉了，所以人們害怕白髮染首。最初發現自己有了白髮時，總有些驚訝，常常不由得伸手去拔下那剛剛出現的幾根銀絲。然而，不久就會發現初生的白髮被拔去後，又生出更多的白髮來。於是，人們就認為白髮是不能拔的，「拔一根，長十根」「越拔越多」。由於對衰老的恐懼，「拔白髮」成為一種禁忌。特別是年輕人，發現了白髮更不敢拔。

七忌「夜以繼日」

正是因為民間認為頭髮是靈魂的住所，所以才會使各種有關頭髮的禁忌顯得神祕莫測。自己靈魂的神力對於本人的影響當然是多方面的，有的地區認為這種「神力」與個人的「財氣」有關，所以頭髮就與「財氣」聯繫起來了。這樣，晚上梳頭就成了一種禁忌，民間認為晚上梳頭會破壞人的「財氣」，豫西有俗諺說「白天掙頭牛，擱不住晚上一梳子摟」。白天工作了一天，晚上則忌梳頭。等到第二天早晨梳頭就無所謂了，大概認為休息了一夜，財氣已經被身體充分吸收了。

頭髮禁忌結語

有關頭髮的禁忌千奇百怪，基本上沒有脫離一個主題，即中國人很看重頭髮，把頭髮看作靈魂的「住所」，或者說是生命的象徵。古時剃去頭髮，即是對人的一種刑罰，當時叫作「髡首」。《三國演義》中，曹操為嚴明軍紀，就多次以頭髮替代自己的生命，斬髮代斬首。中國民間還常以青絲代替自己的身體，表達對愛人的真情：女子剪髮辮留給丈夫，就好比人在他身旁一樣。古時束髮即意味著成年，因此把第一次結婚的夫妻叫作「結髮夫妻」，並常用「白頭偕老」來祝願夫妻關係地久天長，永遠和諧美滿。這些都是「頭髮禁忌」存在的民俗文化基礎，有了這個深厚的基礎，這一類禁忌才存在、發展下來。

晞發圖（明代陳洪綬）。晞發，指把洗淨的頭髮晾乾

眼睛禁忌

天地間的萬物，都依賴太陽和月亮帶來的光明。而眼睛是人體極為重要的器官，其地位等同於宇宙中的太陽與月亮。《靈樞經 · 大惑論》云：「五臟六腑之精氣，皆上注於目而為之精：精之窠為眼，骨之精為瞳子，筋之精為黑眼……氣之精為白眼……」這裡講得玄之又玄，實際上基本意思與人們常說的「眼睛是心靈的視窗」相近。人們心中想什麼，常常會自覺不自覺地透過眼睛流露出來。正因為如此，中國人向來重視通過觀察人的眼睛來瞭解、評價一個人。民間隱約地覺得，眼睛的顏色、形狀、神采與人的富貴貧賤、疾病災禍等是有關聯的，這種看法促成了中國民間相術的發展。

民間相術很重視眼睛，把眼睛看作「神的宮室」。認為人在睡眠時，神處於心，醒來後，神便依於眼。所以，從一個人的眼睛就可以看出他的品行善惡、心性清濁，推斷出其貴賤榮辱、吉凶禍福，也就是所謂的「三亭九侯定於一尺之面，愚智勇怯形於一寸之目」。古代相書很多，各種相書都很重視對眼睛的觀察，如《達摩祖師相訣秘傳》中說：「眼正心亦正，做事終有進，眼正心不險，而要有神。正而無神，庸眼也，則做事不正。」把眼睛同品行、命運等過多地聯繫起來，多少有些「迷信」的成分在裡面。但是，一旦對這種關聯的認可有了廣泛的群眾基礎之後，這種現象就成為一種「俗信」了。正是在這種廣泛的民間信仰基礎上，形成了有關眼睛的種種禁忌。

秦始皇。《史記》中記述秦始皇的容貌：『蜂准，長目，鷙鳥膺，豺聲。』（高鼻子，細長眼，胸脯像鳥獸，聲音像豺）

民間有「擇交在眼」的說法，即眼睛的形、神反映了人的品行，交往時不能不觀察其眼睛。與品行相關的眼睛禁忌有：眼睛忌長得不好看，俗語有「眼惡者，情必薄」，意思是說，眼睛長得不好看的人，交情一定很薄，和這樣的人交往，會有害處的；眼神忌不正，眼睛經常轉來轉去、遊移不定的人，往往是個淫蕩貪婪、手腳不乾淨、喜歡偷竊的人；眼睛忌歪斜，有這種特徵者不是正人君子；眼形忌像羊眼，有此特徵的人性格孤僻，心腸狠毒，若女人眼睛像羊眼，則其人淫蕩；眼睛忌短而小，因為這樣的人多貧賤愚蠢、性格暴躁；女人忌眼白多，有此特徵者淫蕩，喜歡偷聽偷看，不守婦道，俗語說「眼露四白，五夫守宅」，所謂「四白」指眼睛之上下左右皆露眼白；眼睛忌三角形，有此特徵者，往往是壞人；眼睛忌弓形，有此特徵者，能成為一代奸雄；眼睛忌像蜂眼，有這樣特徵的人一生作惡多端，孤獨無依；眼睛忌像毒蛇眼，有此特徵的人心腸狠毒，害人不淺；眼角忌下垂，有這樣特徵的人夫妻不和，最終離異；眼睛上忌長黑痣，長黑痣要做強盜；眼下也忌長痣，鄂溫克族人相信，眼下長的是淌眼淚的痣，應用刀割掉，否則要常遇到傷心的事。

民間又有「問貴在目」的說法，即通過對眼睛形、神的審視，可以瞭解人的貴賤。與貴賤有關的眼睛禁忌有：眼睛忌向外鼓，有這種特徵的人不能長壽，必定短命而死；眼睛忌圓鼓鼓好像在發怒，有這種特徵的人不僅壽命短，而且脾氣不好；眼睛忌佈滿血絲，這樣的人不得終老，即使不死於大病，也會在意料不到的災難中喪生；眼睛忌有傷，有此特徵者可能會敗掉祖宗產業；眼睛忌像蛙眼，有這樣特徵的人會在災難中死去；眼窩忌深陷，有這樣特徵的人貧窮低賤；眼睛忌有哭相，有這樣特徵的人，對家人不利；眼睛忌無神，即使各方面條件都很好，若眼睛端正時都無神，則其人也不好，因為沒有哪個人眼睛無神卻可以富貴長壽。

既然民間認為眼睛是「神的宮室」，眼跳當然就是「神的兆示」了。民間有「左眼跳財，右眼跳災」「左眼跳福，右眼跳禍」「左跳喜，右跳愁；左跳發，右跳殺」等說法，意思基本一樣，都是「左吉右凶」，因此忌「右眼跳」。為什麼會是「左吉右凶」呢？有人認為可能與「男左女右」「左為陽，右為陰」「左為上，右為下」的古老信仰原則有關。實際上，關於左右吉凶的論斷，更可能與中國傳統的「四神獸」有關，即「東方青龍」「西方白虎」「南方朱雀」「北方玄武」。據研究，漢代就有了「四神獸」的說法。如果一個人面南背北正位站立，其左面（東）為「青龍」，右面（西）為「白虎」，而「青龍」為吉神，「白虎」為凶神。《周易》上有「吉凶悔吝生乎動」的說法，意思是說「吉」「凶」都因「動」而生，這樣吉方（東、

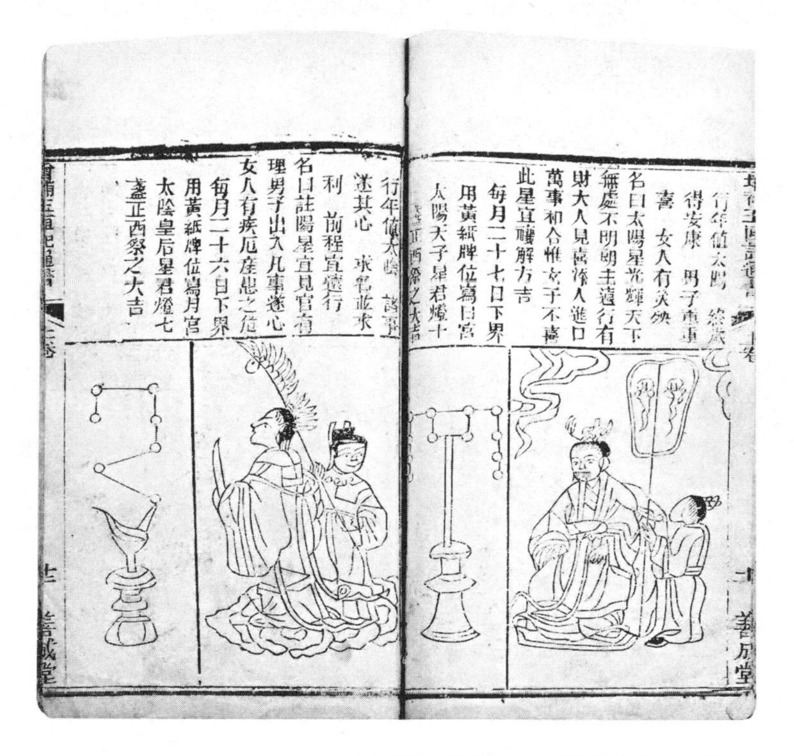

行年值太陽 終歲
得安康 男子重重
喜 女人有災殃
名曰太陽星光輝天下
無處不明朗主遠行有
財大人見喜僕人進口
萬事和合惟女子不喜
此星宜禳解方吉
每月二十七日下界
用黃紙牌位寫日宮
太陽天子星君燈十
盞正西祭之大吉

行年值太陰 諸事
遂其心 求名並求
利 前程宜遠行
名曰註陽星宜見官有
理男子出入凡事遂心
女人有疾厄產患之危
每月二十六日下界
用黃紙牌位寫月宮
太陰皇后星君燈七
盞正西祭之大吉

《玉匣記》是集各類占卜之術的代表作品。一般假託孔明、鬼谷子、張天師、李淳風、周公、袁天罡等名人而作

左、青龍）動自然就吉，凶方（西、右、白虎）動自然就凶。不過，也有個別地區有不同的說法，如認為「男人左眼跳了是財寶，右眼跳了是禍害；女人右眼跳了是財寶，左眼跳了是禍害」。顯而易見，這是用陰陽對立的觀點來解釋的。總的來看，民間主流文化不分男女，都是「左吉右凶」。有趣的是，民間還有眼跳「厭勝法」，即遇有右眼跳時，用草棍、紙片之類的小物件粘在右眼皮上，認為這樣即可逢凶化吉了。

據民間有較大影響的《玉匣記》記載，古時民間還把眼跳的徵兆分成不同的時辰，而且在不同時辰內，左右眼跳的徵兆又各有不同。具體內容如下：

子時（晚上11時—午夜1時）：左眼跳有貴人，右眼跳有酒食；

丑時（午夜1時—淩晨3時）：左眼跳有憂慮，右眼跳有人悲；

寅時（淩晨3時—早上5時）：左眼跳遠人來，右眼跳喜慶事；

卯時（早上5時—早上7時）：左眼跳貴人來，右眼跳平和吉；

辰時（早上7時—上午9時）：左眼跳客人來，右眼跳損害事；

巳時（上午9時—上午11時）：左眼跳主酒食，右眼跳主凶事；

午時（上午11時—下午1時）：左眼跳主飲食，右眼跳主凶事；

未時（下午1時—下午3時）：左眼跳主吉昌，右眼跳主小喜；

申時（下午3時—下午5時）：左眼跳有財利，右眼跳有女思；

酉時（下午5時—晚上7時）：左眼跳有客至，右眼跳主親來；

戌時（晚上7時—晚上9時）：左眼跳主酒食，右眼跳主聚財；

亥時（晚上9時—晚上11時）：左眼跳主有客，右眼跳主官事。

從科學上講，人們心中所想，常反映在眼睛中，人們的心理活動是與人們的生理構成有著密切關係的。任何感情的表現，如喜、怒、哀、樂、驚、恐、憂等等，都會年深日久，形成習慣，也會在生理上留下穩定的痕跡。而以民間的迷信角度來看，眼睛是有魔力的，因此人們給眼睛以極大的關注：從形狀的每一個細節，到每一個眼神，甚至某一時刻的意外顫動。究其根本，眼睛禁忌的主導觀念是對靈魂的安慰，是對命運的關心，這一點，與其他的人體禁忌也是一致的。

手腳禁忌

人們通過長期的觀察發現，若樹木的枝節乾枯，必定是不良之材。一個人的手足，也常常像樹木的枝幹一樣：如果柔軟滑淨，色白如玉，則必是富貴之人；如果粗大乾枯，其糙如土，其硬如石，則必是貧賤之人。俗話說「男子手如綿，生來一世閑；男子手如爪，一輩子好不了」，就反映了這樣一種俗信。這種推測聽起來似乎是宿命論的老調，實際上卻也具有一定的客觀性。

民間還有關於指紋的歌謠，也很有趣，如「一門窮，二門富，三門四門開當鋪，五門六門滿街走（要飯），七門八門背花簍（拾柴）」「一門好，二門寶，三門四門割馬草」「十門全，點狀元」等等。這些說法，既算不得迷信，也算不得俗信，因為很少有人當真，頂多算是近於遊戲的諺語而已，而且常常是大人逗小孩兒的話題。

民間過去還有「看手相」算命的迷信活動，有關手相的各類書籍也很多。算命人根據指紋的走向、深淺、粗細等情況進行占卜，能說出問卜者一生的吉凶禍福。人的社會地位不同，可能導致手足特徵不同，如長期從事腦力的勞動者與長期從事體力的勞動者的手足，一般會有不同。反過來，根據手足特徵不同，推知人的社會地位不同，當然具有一定的合理性。但是，這個推理過程常被算命人神乎其神地說出來，甚至東拉西扯，亂說一通。如果把僅有的一點兒合理性無限擴大，原本還有點依據的東西，也就成了迷信。然而，這樣一種迷信活動在民間長期流傳，自然會影響到民間的風俗與信仰了。如《三國演義》中的劉備，據說是雙手下垂超過膝蓋的人。依據民間相術的標準，這是貴相，後來劉備果然成了蜀國的皇帝。現在很難說清，是民間信仰影響了小說的內容，還是小說的內容影響了民間信仰。《金瓶梅》第二十九回，有這樣的一段：

「一日正在前廳坐，忽有看守大門的平安兒來報：『守備府周爺差人送了一位相面先生，名喚吳神仙，在門首伺候見爹。』西門慶喚來人進見，遞上守備帖兒，然後道有請。須臾，那吳神仙頭戴青佈道巾，身穿布袍草履，腰系黃絲雙穗條，手執龜殼扇子，自外飄然進來。

西門慶見了，滿心歡喜，便道：『先生，你相我面何如？』神仙道：『請尊容轉正貧道觀之。』西門慶把座兒掇了一掇，神仙相道：『夫相者，有心無相，相逐心生；有相無心，相隨心往。吾觀官人，頭圓項短，必為享福之人；體健筋強，決是英豪之輩。天庭高聳，一生衣祿無虧；地閣方圓，晚歲榮華定取。此幾樁兒好處。還有幾樁不足之處，貧道不敢說。』西門慶道：『仙長但說無妨。』神仙道：『請官人走兩步看。』西門慶真個走了幾步。神仙道：『你行如擺柳，必主傷妻……若無刑克，必損其身。妻宮克過方可。』西門慶道：『已刑過了。』神仙道：『請出手來看一看。』西門慶舒手來與神仙看。神仙道：『智慧生於皮毛，苦樂觀乎手足。細軟豐潤，必享福祿之人也。兩目雌雄，必主富而多詐；眉抽二尾，一生常自足歡娛；根有三紋，中年必然多耗散；奸門紅紫，一生廣得妻財。黃氣發於高曠，旬日內必定加官；紅色起於三陽，今歲間必生貴子。又有一件不敢說，淚堂豐厚，亦主貪花；谷道亂毛，號為淫抄。且喜得鼻乃財星，驗中年之造化；承漿地閣，管來世之榮枯。承漿地閣要豐隆，准乃財星居正中。生平造化皆由命，相法玄機定不容。……』神仙相畢，眾婦女皆咬指以為神相。西門慶封白銀五兩與神仙，又賞守備府來人銀五錢，拿拜帖回謝。吳神仙再三辭卻，說道：『貧道雲遊四方，風餐露宿，化救萬道。周總

兵送將過來，可一時之情耳，要這財何用？決不敢受。』　西門慶不得已，拿出一匹大布：『送仙長做一件大衣如何？』神仙方才受之，令小童接了，收在經包內，稽首拜謝。西門慶送出大門，揚長飄然而去。」

《金瓶梅》插圖。《金瓶梅》為明代文人創作的世情小說，其中記載了豐富的市井民俗細節

在這段描寫中，作者對於吳神仙的誇耀極盡能事，而西門慶及眾婦人對吳神仙也崇拜得五體投地。可見，儘管相術有很多行騙的成分，舊時在民間還是有廣泛的生存基礎的。

有些關於手相的認識，本身未必有多少合理性，只不過由於算命術士們的反復傳播，其特定的象徵意義不斷被人為地強化，從而漸為民間所普遍接受。這些已被民眾掌握和信奉的信條，應當屬於俗信範疇，因為民眾已經隨時可以應用或占卜。有關手足的民間禁忌很多，常見的有：忌「斷掌紋」，斷掌紋是指手掌上的一種橫紋，其特徵是從左到右橫貫手掌，像一條很深的溝，如同把手掌從中間切斷一般。民間認為「有斷掌紋的男人當大官，有斷掌紋的女子死丈夫」。忌「手不過腰」，民間認為手過膝者為世間英賢，手不過腰者一生貧賤。忌「手粗硬」，民間認為手細軟者高貴，手粗硬者下賤。忌「手短粗」，一般認為，手纖長者聰俊，手短粗者愚賤。

對於腳來說，俗以為「足取象為地，上載一身，下運百體，為身之良馬」，也就是腳像大地承載著天空一樣，承載著人的身體，因而非常重要。既然民間認為，手相與人的命運相關，腳形當然也不例外。相傳宋代奸相秦檜腳長，為太學生時曾睡於窗下，有一相者見了對其同窗說「此人誤國害民，天下同受其禍，諸君亦有死其手者。」後來，民間甚至有「秦長腳，後為相，封申王」之諺。民間對腳形的禁忌有：忌「腳短、薄、硬」，認為足厚而腳趾齊者賢良，腳板雖大而薄者賤，雖厚而拘者貧，

三寸金蓮

薄而腳趾長者無子，短而硬者貧賤；忌「鴨足」，即腳形扁平像鴨足，認為男人鴨足，一世愚賤，女人鴨足，多做姨婆；忌「二拇指長」，民間有諺語說：「二拇指長，不養娘」「二趾長過分，不死一世窮」；忌「天足」，舊時，婦女興裹小腳，不裹足則為世所不容，其方法是用長布條將拇指以外的四個腳趾連同腳掌折斷彎向腳心，形成「筍」形的「三寸金蓮」。其慘其痛，可想而知。這樣做一般都是在長輩的逼迫下進行的。母親或祖母不顧孩子的眼淚與喊叫，以盡到她們的責任，並以此保證孩子未來的婚姻生活。此種陋俗民國後開始漸漸革除，現已無存。

既然腳如此重要，腳上的汗毛當然也重要了。有些地區有忌「拔腳毛」的習俗，可見人們對於腳的重視甚至達到了無以復加的程度。俗有「一根腳毛，管三個鬼」的說法，顯然民間認為腳上的毛也有魔力。這種信仰與頭髮是「靈魂的住所」相近。腳毛不拔，膽就不怯；拔下腳毛，就心中發怵。這也是民間常用恪守禁忌來保持和增強自身魔力與神性的一個例證。

身體禁忌

在古代中國人看來，人是由「形」和「氣」二者合一而成的。形，也就是形體，即人的身體；氣，也就是元氣，或者說人的精神。《淮南子・原道訓》說「形者生之舍也，氣者生之充也」，意思是說，身體（形）是生命的住所，精神（氣）是生命的本質。據《左傳・昭公七年》記載，當時人認為：「人生始化曰魄，既生魄，陽曰魂。」意思是說，人的形體之靈叫做「魄」，形體生成之後，魄內自有陽氣，而陽氣之神叫作「魂」。換言之，即是「魄附於形而魂附於氣也」。所以，形與氣的關係，也就是體魄與靈魂的關係。因此，民間有關身體的禁忌中，不僅有體魄的禁忌，也有靈魂的禁忌。

民間俗信以為，身體是靈魂的住所，當人去世時，身體歸於泥土，靈魂就會離開身體「歸去」——人死後化為「鬼」，「鬼」即是「歸」。由於這種觀念的存在，人們認為靈魂在體內有時會顯示出某種吉凶徵兆。比如，身體某部位的肉偶然顫動，便是魂魄在「顯靈」，或者是神靈附體、神靈感召的結果。《玉匣記》中說，若在酉時、辰時、寅時身上的肉跳動不止，便意味著凶災、失財等禍事將臨。其實，人肉跳不過是一種生理現象而已。

身體是靈魂的宿地，所以人們很注意身體的胖瘦：太胖了不好，太瘦了也不好。而且，有關胖瘦的禁忌，還隨著人年齡的變化而改變。嬰兒「忌瘦」，若說「大胖小子」「小胖妞」，聽起來就很討人喜歡，如果孩子生得瘦小，就會讓人憂慮是否能成人；青年「忌胖」，俗話說「後生發福，棺材當屋」，如果青年身體突然發胖，那將是個凶兆；中年「忌瘦」，中年人太瘦了往往是有病的表現，身體發胖是正常的；老年「忌胖」，常言道，「有錢難買老來瘦」，老年人越瘦越精神。儘管針對不同的年齡階段，有關「胖瘦」的禁忌有所不同，但一般來說，人們還是忌言「瘦」的，因為中國人有「體胖為福氣」的觀念。與他人久別重逢，總是說對方「胖了」「發福了」等，忌言人瘦。如果說對方「瘦了」，言外之意是對方可能有病，或者生活艱難，帶著一身「窮氣」。

除對於胖瘦的關注外，人們還很看重身體上下身的比例。民間有「上身長，佐君王；上身短，福分淺」「上身長，坐中堂；下身長，走忙忙」等說法，據此則忌「下身長」；民間又有「上

身長，下身短，光吃嘴，就是懶」的說法，據此則忌「下身短」。顯而易見，兩種不同的禁忌，反映了不同的立場，卻基於一種共同的俗信：民間認為上身長、下身短者常為腦力勞動者，上身短、下身長者多為體力勞動者。

民間認為，鬼魂是沒有影子的，而人有影子。因此，要區別幻化為人形的鬼魂與真正的人，最好的辦法就是通過影子來判斷。按這個邏輯推理，如果一個人失去了自己的影子，那麼這個人就會變成鬼而失去生命。於是，人們很容易就把靈魂與影子聯繫起來。有關身體的種種禁忌，反映了人們對於體魄的護衛；而靈魂作為人生命的重要組成部分，當然也是需要護衛的重要物件。顯而易見，有關影子的種種禁忌，實際上是身體禁忌的延伸。

忌「傷害影子」。民間忌諱別人踩或者「傷害」自己的影子，因為人們認為如果誰的影子被別人損害了，那麼他的身體也會因此而得病或者受到傷害。當身體有了病或者受到傷害卻查不出別的原因時，生病者便會回憶是否有人踩過或者傷害過自己的影子。同樣，如果想暗害某人，可以悄悄踩住或者暗暗用刀子割、用釘子釘某人的影子，這樣被「加害」者的身體就會受到傷害了。

忌「影子入墓」。民間認為，喪事中應當特別注意保護好自己的影子。給死者蓋棺木時，要格外小心，不能讓自己的影子落入棺材，否則可能因影子被釘進棺材而使身體受到傷害。下葬時，也應當注意不能讓影子落入墓穴中去，因此應當用繩子把棺材續進穴中，人要離得遠一些，並盡可能站在影子落不到墓穴內的一側。

忌「夜裡照鏡」。由陽光投射而產生的影像，人們聯想到鏡子中的影像，認為鏡子中的影像也是自己的靈魂，是照鏡子時靈魂被鏡子攝取了。基於這種認識，民間傳說中才會有「魔鏡攝魂」的情節。既然鏡子有攝魂的功能，當然不宜多照。民間認為，夜裡陰氣重，靈魂可以很容易離開軀體，比如做夢即是靈魂離開軀體了。因此夜裡更不宜照鏡子，否則不但易傷害自己的靈魂乃至身體，還可能在鏡子中看到通常在白天見不到的東西（鬼魂）。

忌「畫像」。在民間看來，如果說鏡子中的影像是瞬間對自己靈魂的攝取，那麼畫像則是對於靈魂的恒久攝取了。因此，民間普遍對於畫像心存忌憚。古時通緝罪犯，常採用「畫影圖形」的辦法，即畫一張像貼在城門口和交通要道旁，這樣不僅方便辨認罪犯，而且含有先攝住罪犯的靈魂的意義。民間甚至相信，如果要懲治某人，可以將他的樣子畫下來燒掉，或者戳破，這樣至少可以傷害他的靈魂。這種方法至今還被人們用來對付那些無法直接懲處的罪惡元兇。基於這一認識，民間還出現了一種特殊的食品「炸麵人」，即用麵做成仇人的樣子，然後用油炸熟或蒸熟，吃了「炸麵人」，仇人就會受到傷害。

忌「照相」。由於照相與畫像的相似性，人們很自然地也忌諱「照相」。因此當照相機發明並在中國開始使用時，民間許多人害怕照相，擔心會因此而損傷元氣。現代照相技術又加上了鎂光燈的閃爍，這就進一步加深了人們的顧慮，所以過去常聽人說，「照一次相，就丟一次魂兒」。據說連慈禧太后也相信此說，認為照相有靈魂失落的危險。不過後來，這位「老佛爺」卻喜歡上了照相。現在，人們已經不再相信照相會丟魂了，但是民間依舊忌諱照相時不能把身體照全，認為沒有照上腿腳的相片會導致自己真的失去腿腳。如果沒有照上頭部，那就更犯忌諱了。

顯而易見，民間對於身體乃至影像的種種禁忌，表現出人

們希望通過對體魄和靈魂的護衛，實現趨吉避凶的目的。

慈禧的相片

紋身禁忌

《莊子・逍遙遊》中提到的「越人斷髮紋身」，是我國典籍中對於「紋身」的早期記載。一般認為，很多民族早期都曾有過紋身的習俗。直至現在，傣族、基諾族等許多少數民族中還在流行此俗。

在有此習俗的民族裡，一個人早在十五六歲時，紋身即已經開始。很多人一生中要經歷數次，男女都有。各民族的信仰不同，紋身的部位、圖案也不同。紋身的圖案表現著某種具體的意象，這種意象顯而易見是建立在各自的民族風俗習慣基礎上的。認為這些意象凝聚著民族精神的看法，並不為過。本來，紋身是一種古老的風俗，而當下卻成了都市裡新興的時尚，一部分城市青年人開始紋身。作為一種基於民俗基礎上的文化現象，紋身自然也少不了禁忌。

民族禁忌

民族不同，風俗自然不同，因此紋身也是一種民族文化現象。而作為一種民族文化現象，不同的民族自然就有不同的禁忌：基諾族、傣族等少數民族忌不紋身，他們認為一個人如不紋身，死後只能當野鬼，就不能進鬼寨與祖先聚合。臺灣高山族也忌不紋身，他們認為紋身會使自己增強應付新生活的能力，並且確保自己不受陌生人的傷害。高山族還忌已婚者紋身，認為紋身者必須是處男、處女。在紋身的具體過程中，高山族忌孕婦及其丈夫探視，他們認為，如果這種情況發生，紋身者的傷口會流血不止；忌與外人相見，高山族認為，紋身者在傷口未癒合之前，是不宜與外人相見的；特殊時期忌施紋身術，高山族人很看重紋身，認為不是隨便什麼時候都可以施紋身術的，一般來說，婦女在月經期不紋身，家族中有人死亡不施術，家族設陷阱狩獵時不施術。紋身前忌食某些食物，賽夏人、泰雅人紋身前忌食獸類的鮮血及內臟，忌食鍋巴，不吃鹽，不抽煙，不吃橘子，不吃魚或芋頭；紋身施術後的忌食，排灣人、魯凱人在紋身施術後至創口痊癒前，不吃米飯、豬肉、鹽、豆，只吃甘薯和其他蔬菜；排灣人還忌月朔日紋身施術、打噴嚏時紋身施術、放屁時紋身施術等等；泰雅人在紋身時，忌家人穿花衣服，尤其是紅色衣服。

部位禁忌

在少數民族中，紋身的習俗較常見。但是，在占人口絕大多數的漢族中，並非沒有紋身的現象。例如《水滸傳》中的史進，「高手匠人，與他刺了這身花繡，肩臂胸膛，總有九條龍」，於是人們都叫他「九紋龍史進」。除了像史進這類習武之人外，一些地位較高的人還把紋身當作身份的象徵。當然，也不能說有紋身者就高貴，因為有一些秘密組織也把特定的紋身作為其組織成員的標誌。

與漢民族的傳統文化相應，漢族紋身有「部位禁忌」。欲瞭解這些禁忌，首先應瞭解在身體不同部位紋身的意義。依據漢族傳統的相學理論，身體可分為上、中、下三停，各停分主人生不同階段的運程：以頭至頸為上停，主管少年運及祖基；肩膀至肚臍為中停，主管中年運；肚臍以下至腳板為下停，主管晚年運及兒女運。

另外，手腳紋身有左右之分：紋於左手，影響夫緣，紋於右手，影響妻緣；紋於左腳，影響子緣，紋於右腳，影響女緣。

「桃花位」紋身。所謂「桃花」，俗語稱為「異性緣」，意指吸引異性，使其對自己產生好感。在身體上一些特殊的部位紋身，例如大腿內側、腋下、胸部等，則會有增強「桃花運」的功效。

圖樣禁忌

從漢族文化角度來看，紋身應當依據紋身者的命理五行情況，選擇相生相剋的物種。動物中的十二生肖，因與十二地支相配，都是有五行屬性的，很容易與紋身者的命理相適應，具體是：鼠（子陽水），牛（醜陰土），虎（寅陽木），兔（卯陰木），龍（辰陽土），蛇（巳陰火），馬（午陽火），羊（未陰土），猴（申陽金），雞（酉陰金），狗（戌陽土），豬（亥陰水）。十二生肖之外的其他動物，可以比照十二生肖，例如鳥類可以比照雞。非動物的圖樣，宜視具體情況而定。

十二生肖與地支

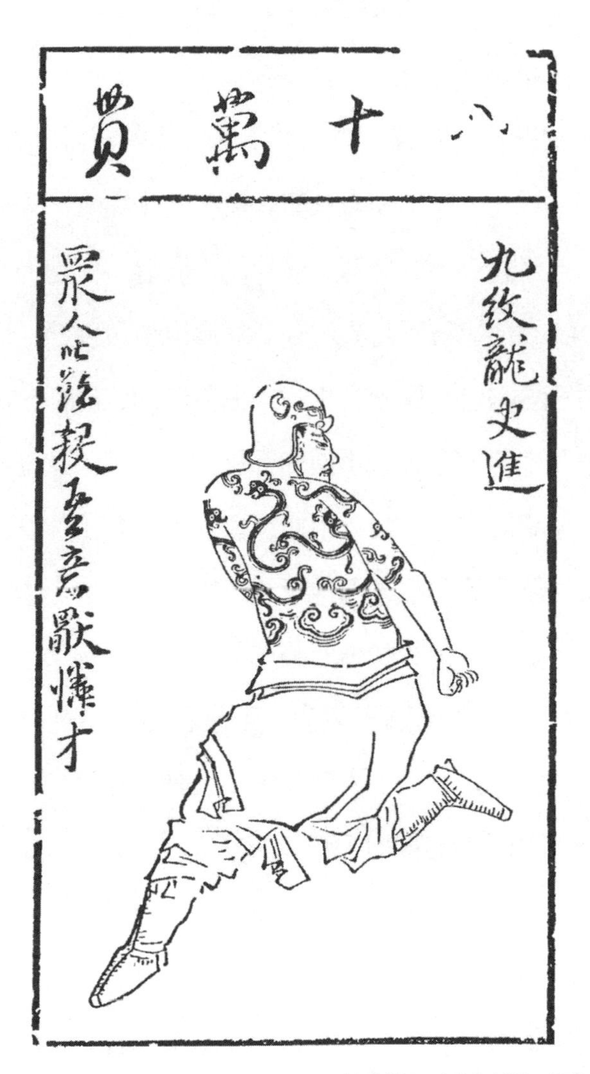

《水滸葉子・九紋龍史進》（明代陳洪綬）

服飾禁忌

服飾是社會進步的產物。遠古時期，人們穴居於森林之中，茹毛飲血，男女老少均赤身裸體。後來為了護體，人們夏天穿樹葉，冬天穿獸皮，於是有了最早的「服飾」。進入文明社會之後，服飾的功能日新月異，成為民族風俗習慣的一個最為直觀的方面，同時也是民族文化的一個重要的組成部分。與不同的民族信仰相應，形成了不同的服飾禁忌規定。什麼服飾會給人帶來好運或厄運，什麼人不能穿戴什麼服飾，什麼時候不能穿戴什麼服飾等等，都人為地形成，人為地擴展，最終形成了人為的重重限制。明明知道衣服本是無生命的物品，但對於服飾的各種禁忌，人們寧願信其有，不願信其無。只要是本民族、本地區流行的服飾禁忌，人們都會小心謹慎地遵守，唯恐一時犯錯誤給自己和家人帶來厄運。

民間對服飾的禁忌，首先表現在顏色的選擇上。

對顏色的評價，漢族往往不從審美角度來進行，而是賦予其以明確的象徵意義。漢族以黃色、紫色為貴色，而以白色、黑色等為凶色。《禮記 · 曲禮》中載：「為人子者，父母存，冠衣不純素。」意思是說，當父母還健在的時候，子女們忌穿白色的衣服，忌戴白色的帽子。這是因為漢族人服喪時會穿白衣服。然而，蒙古族人卻相反，他們崇尚白色，認為白色表示純潔、誠摯、淳樸和美好。因此，獻給神佛、送給客人的哈達都是用白綢做的。漢族人還忌黑色服飾，認為黑色也是凶色。現在民間舉辦喪事，除了穿白色孝服，佩戴白紙花外，也戴黑紗。蒙古族人也最忌黑色服飾，他們認為黑色是不祥之色，意味著不幸、災難、貧窮、威脅、背叛、嫉妒和暴力，所以蒙古人一般不穿黑衣。

『胡服騎射』的趙武靈王。他在服飾改革時遇到了文化民俗上極大的阻力

在我國魏晉時期，由於玄學思想的盛行，人們崇尚虛無，蔑視禮法，生活縱情任性，忌素服的習俗曾一度中斷。當時上至貴族，下到普通百姓，平時都有穿白衣戴白帽的。只是在喜慶之日，才忌白尚紅。宋朝以後，由於程朱理學的流行，傳統的儒家思想得到了進一步的強化，厭白尚彩的風氣又普遍流行於民間了。

在服裝的款式方面也有諸多禁忌。

俗話說「男忌露臍，女忌露皮」，意思是禁忌穿過於短小的衣服。無論男女，穿衣過小，把身體的某些特殊部位裸露出來就犯了大忌。這可能出於「身體髮膚，受之父母，不敢毀傷」的孝道觀念，也可能與傳統儒家思想相對保守有關。

衣服下擺忌有毛邊，民間認為只有喪服才會這樣，因而忌衣服下擺有毛邊。

忌扣子為雙數，俗以為扣子為雙數會影響穿衣人的事業。民間還有「四六不成人」的說法，意思是扣子為雙數的人可能會意外身亡。

壽衣忌短袖，民間做壽衣時，忌諱袖短露手。據說壽衣袖短，將來兒孫會衣不遮體，要討飯的。因此，壽衣的袖子要長，須將手完全遮住。

在服飾的穿戴方式上，不同民族也有不同的禁忌。

忌反穿衣。舊時喪禮中，給死者穿壽衣前要先由孝子反穿，脫下來才給死者正穿。因此，在日常生活中，忌反穿衣，否則不祥。另外，有的地區還流傳有「反穿羅裙，另嫁男人」的說法。因為寡婦改嫁時才反穿羅裙，若平時女人反穿羅裙，自然是不吉祥的，所以忌諱。

近年來，隨著社會開放程度不斷提高，西方的生活方式傳入我國，開始影響民間的生活習俗。西方人對於反穿衣有著不同的禁忌：西方人認為，如果一不小心，將衣服的裡外穿反了，那麼千萬不要再翻過來，就讓它保持原樣，否則你的運氣也會改變；當穿上兩隻不成對的襪子時，情形也是一樣，但如果是扣子扣錯了的話，一定要立即糾正。糾正不是把扣子重新扣好即可，而是要把衣服脫下來，再重新穿上，然後按正確的方式把扣子系好。如果不這樣做，那麼一天都會發生不愉快的事。

忌穿著縫補。如果衣服已經穿上了，才發現需要縫一下破處或者釘個扣子，一定要脫下來再縫。俗語有「穿著縫，沒人疼」，忌諱把衣服穿在身上縫補或釘扣子，否則會沒有人關心自己。

不僅在服飾的顏色、款式、穿戴方式上有許多禁忌，就連衣服的放置也有禁忌。

忌「鞋子倒扣」與「鞋子不倒扣」。貴州人忌諱在孩子睡覺時把鞋子底朝上倒扣在地上，認為這樣孩子就會被鬼迷住。「千里不同俗，百里不同風」，江蘇省泰州市的人則相反，特別是新年前一天的晚上，他們一定要把鞋子底朝上倒扣著。他們的長輩告誡：在除夕之夜，神人下界降災，如果將鞋子底朝下擺放，災難就會落入鞋子裡，從而殃及主人。如果鞋底朝上，災難就會降於鞋底。新年的早晨起來，穿上鞋到戶外快走數步，附在鞋底上的災難就脫落了。

晾衣忌。舊時民間忌諱將婦女和小孩的衣物在夜間晾置在室外，因為這樣做衣服可能被夜遊的惡鬼衝撞了。婦女兒童的身體相對要弱一些，可能無法抵禦這些晦氣。小孩的衣服還忌晾得太高，俗以為三尺以上有神鬼，衣物被鬼神衝撞了，可能會傷害小孩。另外，民間還忌在竹竿尾晾掛衣服，因這與喪事所舉「引魂幡」相似。我國東南部一些少數民族在農曆正月初一至十五忌晾衣服，據說，犯了禁忌，家養的雞就會被老鷹捉去。仡佬族三月三祭樹神時，婦女不許出門，尤其不許洗曬衣服，否則會惹怒樹神。廣西、湖南等地的瑤族人把農曆五月立夏前後的辰日作為龍日，認為這一天不能晾衣，不然的話就會得罪龍神，招致本地乾旱。

隨著時代的發展，民間服飾也發生了巨大的變化。不管是從顏色上或是從款式上看，人們對舊時服飾種種禁忌的看法已經有了非常大的改變。

交往禁忌

中國是禮儀之邦，熱情好客是我們的民族性格，不過禁忌處處都有，人與人的交往，自然也不例外。倘若不瞭解與人交往的「潛規則」，不知深淺地觸犯了對方的禁忌，也就怪不得人家對你不留情面了。

稱謂禁忌

稱呼他人常要避諱，也就是避免直呼他人，特別是長者。這種風俗大約起源於周代。據《左傳・桓公六年》載：「周人以諱事神名，終將諱之。」唐代孔穎達《左傳正義》云：「自殷以往，未有諱法。諱始於周。」《禮記・檀弓》載：「死諡，周道也。」孔穎達《禮記正義》云：「以殷尚質，不諱名故也，又殷以上有生號仍為死後之稱，更無別諡。堯、舜、禹、湯之例是也。周則死後別立諡，故總云周道也。」可見，稱謂避諱的風俗是從周代開始的，殷商以前沒有。

秦漢以後，避諱日趨嚴格。《過秦論》中已有「秦俗多忌諱之禁」的記載。而且司馬遷也避他父親的名諱：因其父名

「談」，所以在《史記》中把「張孟談」改為「張孟同」，把「趙談」改為「趙同」，把「李談」改為「李同」。

魏晉南北朝時，避諱之風盛行。與人交往時，必須瞭解對方的家諱，否則談話中一旦涉及，便視為嚴重的失禮。被觸犯者會感到莫大的恥辱，常常會痛哭流涕、避席而走。南朝宋時，謝鳳之子謝超宗文采出眾，孝武帝十分欣賞，便稱讚道：「超宗殊有鳳毛」，意思是他繼承了父親的某些優點。右衛將軍劉道隆聽到這話後，不解其意，也不知避諱，就找謝超宗說：「剛才聽皇帝說您家裡有鳳凰的羽毛，能不能拿出來讓我開開眼界？」超宗聽到家諱（父親名中的「鳳」字），覺得受到了傷害，於是鞋子都沒有穿就跑進了內室。劉道隆還以為他去取羽毛了，可是一直等到天黑也不見人出來。

這一時期還有一個避諱的例子，更是傳為笑柄。錢良臣的兒子為避父諱，凡遇「良臣」二字，一律改為「爹爹」。一次竟將《孟子》中的「今之所謂良臣，古之所謂民賊也」讀作「今之所謂爹爹，古之所謂民賊也」，結果被他父親錢良臣痛打了一頓。

唐宋時期，稱謂避諱極流行。唐代要求對七世以內的已死君主必須避諱。宋代又規定，七世以上的君主之字，也要避諱。在這樣的社會背景下，民間的避諱漸漸走向極端，不僅本字避諱，連同音字也要避諱。唐朝大詩人李賀因為父親李晉肅名字中的「晉」與進士的「進」同音，故不能參加進士考試，年僅二十七歲就鬱鬱而終。

明清時因觸犯諱禁而被殺頭的事經常發生，諱禁之嚴可謂登峰造極。乾隆皇帝於乾隆十三年八月，偶見一戶居民門楣上書寫「五福臨門」四字，心中憤然。第二天便頒詔責問，並把這家門楣上的四字除去。為此，乾隆還特別詔示全國，規定民間門楣不准再題此四字，否則嚴懲不貸。原來，順治皇帝本名「愛新覺羅 • 福臨」，按諱法應避「福臨」二字。

辛亥革命推翻了最後一個封建王朝，延續了兩千多年的避諱制度也隨之宣告結束。然而，民間注重避諱的遺俗並未完全消失。

稱謂避諱大多與禮俗有關，最初是為了維繫封建尊卑、上下秩序及人與人關係的不平等。其根源可能是原始巫術思維：先民們會認為，名字是人體的一部分，通過默念或者書寫等巫術手段，可能會達到加害當事人的目的。要避免被傷害，最好就避免被別人提及名字。儘管這種現象產生、發展、興盛的社會條件已經不再具備，然而作為一種風俗卻至今存在。在交往中顧及這一風俗，常常體現了彼此的相互尊重。

楊柳青年畫・天開五福

忌直呼長輩的名字：父名或者祖名，又稱為家諱，自古以來就禁忌子女輩直呼的。直到現在，此風俗還在民間普遍存在。子女忌直呼長輩的名字，也不能把長輩的名字告訴別人，更不用說叫長輩的乳名了。民間認為如果違犯此忌，將來家中生小孩會沒有骨節的。晚輩稱呼長輩時，一般應以輩份稱謂代替名字稱謂，如叫爺爺、奶奶、姥爺、姥姥、爸爸、媽媽等等。這類稱謂可明示輩份關係，也含有尊敬的意思。不但家族關係如此，師徒間也是一樣，俗語有「子不言父名，徒不言師諱」。與漢族人交往，應當盡可能避免當面提對方父親或祖上的名字，否則即被認為是對對方的不敬。

對同輩人也禁忌直呼其名。舊時中國人有「名」與「字」的區別，據《禮記》載，男子二十歲成年，舉行冠禮，便可根據本名的含義取「字」。自此之後，本人的晚輩乃至同輩都不再稱其名，而是稱其「字」，意為尊重；只有其長輩或者上級才能稱其名。現代中國人一般沒有「名」與「字」的區分了，但出於對對方的尊重，也不宜直呼其名。一般常以兄、弟、姊、妹、先生、女士、同志、師傅等等相稱。當必須問到對方名字時，還要客氣地說「請問尊諱」「閣下名諱是什麼」等等。同輩人中，夫妻間也不例外，妻子叫丈夫「外頭的」「當家的」「老公」「那口子」，丈夫稱妻子為「屋裡的」「做飯的」「老婆」「內當家的」等，也有互相用「哎」來招呼的，一般很少直呼其名。

民間取名時，也都會考慮到稱謂禁忌。現代中國人常有小名和大名，張亮采的《中國風俗史》云：「幼小之名謂之小名。長則更名，而以小名為諱。」也就是說，出生後即取的名，叫小名，常常是父母等家裡長輩和親戚們稱呼的，等到長大有了大名後，小名就成了忌諱。俗以為，稱人小名，是不尊重對方。當然也有例外，有人可能以小名為大名，一生不改。但無論小名還是大名，都忌諱與祖先、長輩之名同字、同音。另外，成年人又忌諱別人給自己起外號、綽號，俗語有「地怕走斜道，人怕起綽號」。

在漢族民間，不僅對活人的名字有禁忌，對死人也不例外。《禮記 · 檀公》上說「卒哭而諱」，意思是說，親人死後要哭喪，以示惜別；哭喪之後，死者已被當成鬼了，就不能再稱呼他的名字。有人認為，這種死後諱稱其名的習俗，是要將一個人的生與死區別開來，使得鬼神不能知曉他的原名，因而不能加害與其原名有聯繫的陽世間的所有事物。據《禮記 · 檀弓》記載，一個叫子蒲的人死了，有人呼出了死者的名字，孔門學生子皋便譏諷這個人粗野不知禮。

由於習俗的頑固性，雖然時代已經發生了很大的改變，民間社會依然不同程度地遵循著這些稱謂禁忌。然而，其中的吉凶意識已經轉化為禮貌意識了。

年齡禁忌

在人與人交往的過程中，年齡常常是一個既敏感又無法回避的話題。且不說慶祝生日是流行於全國的習俗，就是平日見面，人們也常會談起彼此的年齡。然而，關於年齡乃至生日、生肖等等，民間有很多禁忌，與人交往時不能不留意。

一是男人活到四十一歲時忌說自己四十一歲，原因是民間認為男人四十一歲會方妻，會給妻子帶來凶禍。所以，四十一歲的男人被問及年齡，常常會多說一歲或者少說一歲。

二是做壽時，男人忌三十，女人忌四十。所謂男不做「三」，女不做「四」，意思是「三十」和「四十」的年歲不大，不應該做壽。而且，「三」與「散」「四」與「死」諧音，人們認為不吉利，不應張羅過生日，悄悄地過去算了。

三是忌四十五歲，民間認為人活到四十五歲必遭厄運。為了避開厄運，到四十五歲時，若有人問起年齡，則說「去年四十四歲」或說「明年四十六歲」。據民間傳說，包拯奉命往陳州放糧，中途遇盜，喬裝逃出險地，倖免於難，包拯其時正值四十五歲，所以這些地方的人認定四十五歲必遭厄運。

四是老人忌六十六歲，俗話說：「年紀六十六，閻王要吃肉。」有些地方老人六十六歲生日時，其女兒要送一塊肉給父母親，還要把送來的肉切成六十六塊，讓老人吃下，為的是還上閻王的債。

五是年齡忌言七十三、八十四。古代傳說「七十三、八十四，閻王不請自己去」。意思是說人活到七十三歲時有惡運，過了七十三，到八十四歲又有災難。傳說孔子終年七十三歲，孟子終年八十四歲，因此人們以為這兩個歲數是人生的一大關口。因為，連聖人都難以通過，一般人更不用提了，所以都很忌諱。

六是忌稱「百歲」。這是因為百歲常常被用來暗指壽限之極，如「長命百歲」「百年和好」等。所以，談到某人的歲數時就忌稱百歲。如果某人真活到一百歲時，就只是說九十九歲或一百零一歲，唯恐不吉。

此外，給老年人做壽時，民間還有「做九不做十」「做虛（歲）不做實（歲）」的禁忌。也就是說遇到五十、六十、七十和八十等整數壽辰時，往往會在虛歲四十九、五十九、六十九、七十九歲時進行隆重慶賀，到了整數歲的生日時，反倒平平淡淡，無所表示。民間認為，與「十」相關有「十全為滿」的說法，因而「十」有到頭、到頂、終結之意，這當然是不吉利的。所以，民間忌在整十歲數時為老人慶賀壽辰，相關的慶祝活動要在逢「九」歲時來舉行。「九」與「久」諧音，意味著年壽無窮無盡。

關於「做九不做十」的禁忌，民間還有一個傳說：

據說作為八仙之一的張果老，一天倒騎著驢子來到花果山，路上遇到一個打柴的小夥子。張果老一看，便十分驚訝地說：「小夥子，別砍柴了，你壽數將盡，就是明天的午時三刻，快回家準備後事吧！」這個砍柴的小夥子叫王兒，當他得知眼前的老人就是神仙張果老時，立刻雙膝跪在張果老的驢前，苦苦哀求「神仙救命」，並說家中尚有年邁的老母需要照顧。張果老被王兒說得心軟，同時也看到他是一個孝子，就答應了他的請求，並告知其應當如何去做。

第二天，張果老邀請眾仙及閻羅同去花果山孫悟空那裡喝酒。眾神仙來到花果山的半山腰，見到一桌酒席，卻一個人沒有。大家禁不住美味佳餚的誘惑，便圍上來開懷暢飲。待到眾仙把酒菜享用得差不多了，張果老擺擺手，躲藏在樹林中的王

兒趕緊出來，對眾仙說道：「諸位，我這桌酒席是擺給八仙和閻王爺吃，來為我自己添壽的，現在你們吃了，這可怎麼辦啊？」眾神仙一聽，知道中了張果老的計，但是已經吃了王兒的酒，因此一時無話可說。這時的張果老卻故意問道：「你這麼年輕，求的什麼壽啊？」說著，就讓閻羅取出生死簿來查一查。眾仙一看，生死簿上面寫著王兒只不過有十九歲的陽壽，今日午時三刻即將壽終。王兒這時又跪地苦苦哀求，於是眾仙紛紛勸閻羅改一改生死簿。閻羅不敢改，但吃了求壽酒，也不好不答應，只好在十九前面又加了一個「九」。這樣，那個王兒就一直活到九十九歲。

八仙齊聚

這個故事在民間廣為流傳，於是就有了逢「九」做壽以求延年的生日習俗。不過，也有人認為，這個故事反映了「做壽」的最初含義，據完顏紹元的《中國風俗之謎》說，上述傳說及有關年齡的種種禁忌都隱藏著視「生日」為具有某種危險之時日的恐懼心理，故必須舉行一定的儀式，作為自我保護的措施。如民間常有過「本命年」時穿紅衣、紮紅帶，或者求神許願等習俗，應是此類禳解儀式與手段的遺存。辦酒席、請客、聚會、祝壽等，最初應是供神或者酬謝巫覡活動的一部分。隨著社會的發展，過生日的形式保留下來，最初含義卻被淡化了。

因生肖可以表明一個人的年齡，且又指代自我的本命，所以民間有忌言他人生肖，甚至忌傷害其生肖動物的習俗。據《清稗類鈔》載：「鹽城有何姓者，其家主人自以子為本命肖鼠也，乃不畜貓，見鼠，輒禁人捕。久之，鼠大蕃息，日跳梁出入，不畏人。」

關於本命年的說法，並非是漢民族所獨有的，在我國一些少數民族中也有類似的說法。依藏族舊時的說法，按生辰推算，每人均有「凶日」和「吉日」。人們認為，藏曆的每一輪地支終了，第二輪地支剛開始時就是一個「朵」（意為坎，即凶年）。

所以，每個人的十三歲、二十五歲、三十七歲、四十九歲等等，即「本命年」那年，忌諱出門並與生人接觸，只有多念經、多佈施，才能避免災難降臨。

對於我國古代的少數民族契丹來說，過本命年最初是契丹人慶祝「始生」的一種風俗。在遼代，過本命年又稱「再生禮」或「複誕禮」。當時已經用十二生肖紀年，每十二年生肖輪迴一次。到了屬於每人出生生肖這一年，就要舉行儀式紀念自己的始生，以此來報答母親的養育之恩。

語言禁忌

語言是人們用來交流思想與感情的工具之一，同時也是社會風俗與精神文化的組成部分之一。民間常常認為語言具有某種魔力，相信語言符號與其代表的內容之間可以互為因果。因此，當人們不希望某種情況發生時，也就忌在語言上提及它，這樣也就有了語言禁忌。常見的語言禁忌有三類，即凶禍詞語禁忌、破財詞語禁忌和褻瀆詞語禁忌。

首先是凶禍詞語禁忌。民間常說的口頭禪「說曹操，曹操到」，並非僅說明「凡事很湊巧」，更反映了民間有「說凶即凶，說禍即禍」的畏懼心理。生存安全是人們的第一需要，為了最大限度地達到趨吉避凶的目的，民間忌提到凶禍一類的詞語。

最大的恐懼，莫過於「死」，故人們最忌諱提到「死」。從古至今，人們為了避開「死」字，使用了大量的替代語，主要有：崩、薨、卒、不祿、疾終、溘逝、物故、厭世、棄養、捐館舍、棄堂帳、啟手足、遷神、遷化、沒、下世、謝世、逝世、升天、老了、不在了、丟了、走了、捐軀、犧牲、光榮了、成佛、少活了、無常、歿……如果認真統計一下，可能會有上百種。

人們不僅要避開「死」字，就連與「死」音相近的詞也要避開。比如「四」與「死」音相近，故民間認為大凶，所以門牌號、汽車牌號、電話號等等都不願意要帶「四」的號碼。據說臺灣的醫院、公共汽車，都忌諱用「四」。

除此之外，與「死」有關的事物，也忌諱提起。比如民間稱「棺材」為「壽木」，稱「入殮」（即把死者放入棺材）為「黃金入了櫃」。為了避免凶禍發生，民間還忌諱說出與凶禍有直接或間接關係的詞語，醫院的停屍房叫「太平間」；大型建築中用於事故發生時逃生的門，叫「安全出口」；用來煎草藥的鍋，不叫「藥鍋」，而叫「砂鍋」；忌言「吃藥」，而稱「吃好茶」，是忌諱「生病」之意；筷子本來叫「箸」，但「箸」與「住」同音，有停滯不前的意思，故改稱「筷」。這些趨吉避凶的語言現象，一般被稱為「討口彩」。

民間又有地名沖犯本命的禁忌，認為如果某地名有兇惡之意，則忌諱提及或者忌諱過往和居住。《三國演義》中龐統道號「鳳雛」，最後死於「落鳳坡」的傳說，便反映了民間這一俗信。

其次是破財詞語禁忌。人們普遍關心自己的財運，時時想著發財，處處防著破財。由於民間相信語言有神奇的力量，所以非常忌諱可能導致破財的詞語。

民間春節前有「送財神」的，本來不過是上門推銷一種年畫，但由於其題材的特殊性，很少有人說「不要」的。如果「財神」來了都不要，新的一年還想發財嗎？即使不想要，也常常說「已經有財神了」。

北方農民秋天在打穀場上，忌說「光了」「沒有了」「幹完了」。如果有人問「還有多少新穀沒有入倉？」回答總是：「還有很多。」若有孩子說了實話，比如說「沒有了」，肯定會遭到大人罵的。

楊柳青年畫・文武財神鬥寶

中原一帶做飯時，忌諱說出「少」「沒」「光」「不夠」「爛」「完了」等等不吉利的字眼。認為如果說了這些字，飯食就會真的缺少。這也是一種擔心破財的心理。

廣東一帶，舊時賭博的風氣很濃，因此民間特別忌諱「輸」字。由於「書」與「輸」同音，所以，人們往往連「書」也忌諱提及了。據說有一種中秋夜所賣的木魚書，叫賣者為了不引起人們的反感，呼為「月光贏」。

防止破財倒運的語言禁忌很多，人們一般並不滿足於避開不吉的詞語不說，而常常會尋求語言上的變通，希望在現實生活中得到最為如意的效果。

第三是褻瀆詞語禁忌。由於受傳統儒家較保守的價值觀影響，民間通常以為，涉及性行為和性器官的詞語都是一種褻瀆語，一般有教養者都羞於啟齒，這樣也就形成了褻瀆詞語禁忌的現象。

說到性器官，民間常用較含糊的詞語來替代，比如說「那話兒」「那個」「私處」等等；說到性行為，如果不得不說時，也常用一些較隱晦的說法，如「雲雨」「同床」「合房」「尋花問柳」等等。顯而易見，民間把性器官看作污穢之物，因此罵人時常以生殖器或性行為來羞辱對方。

玄天上帝（亦稱真武、玄武），臺北「國立歷史博物館」典藏

「烏龜」也是被民間視為有褻瀆色彩的字眼。我國早在漢代時就已經出現了「四神獸」，即「青龍、白虎、朱雀、玄武」。後世的玄武，被人化為「玄武大帝」或者「真武大帝」。但早期的玄武卻是兩種動物，也就是相交的龜與蛇。據說牝龜不能性交，故縱牝龜與蛇交，於是民間漸漸用龜來羞辱娼妓之夫或妻子外淫之夫。現在這種忌諱依然流行，若罵人為「龜孫子」「王八」，其人必勃然大怒。

「醋」在漢語裡不僅指一種調味品，還可以把情場上愛嫉妒的人說成是「愛吃醋」的人。所以言「醋」也成為禁忌，特別是餐桌上忌諱問客人是否愛吃醋。

類似的語言禁忌很多，各地不一，舉不勝舉。總體來說，凡屬於對人不尊重、輕慢待人的褻瀆話語一般都是有所忌諱的。

顯而易見，民間認為語言具有一種改變現實的魔力，即語言作為一種表意符號，能夠促成它所代表事物的產生。也就是說，人們認為語言具有神話或傳說中「咒語」的作用：說出的話語或者寫出的字句可以起到支配自然、控制他人的作用，可以幫助施語者實現其主觀願望。

各地的文化背景不同，風俗習慣也有異，這就形成了形式多樣的語言禁忌。在與他人交往的過程中，應當盡可能地避免說出禁忌的語言，也就是要注意「避諱」。避諱的基本方法有二：一是閉口不言，也就是「噤語」；二是改口求吉，也就是避開凶語，用其他變通的形式來表達想說的意思。

俗話說，「禍從口出，病從口入」「多說話，多是非；少說話，少禍根」「靜坐常思己之過，閒談莫論他人非」、「飯可以亂吃，話不可亂說」「白日勿談人，談人則害生；昏夜勿說鬼，說鬼則鬼至」「不如意事常八九，可與人言無二三」，可見民間對語言魔力的崇信與畏懼。

倫理禁忌

在民間的村社宗族生活中，家族利益是至高無上的。從舊時讀書人常說的「修身、齊家、治國、平天下」來看，中國人不僅重視家庭生活的和諧，而且認為處理好家庭關係是走向社會成功的前提。在宗族家法中，民間禁忌大體與宗法禮教相一致，主要強調敬祖上、明輩分、重子嗣、忌亂倫、別男女等等，具體表現在父母與子女間、公婆與媳婦間、兄弟姐妹間以及丈夫與妻子間關係的處理上。

父母與子女間的關係，是人倫中最基本的關係。舊時家規詳細規定了子女在父母面前的各種禮儀，若子女稍有不周，即被視為犯忌。據說周代初年，周公受封於魯國，因為需要留在鎬京輔助年幼的成王，故派長子伯禽去魯國代他治理封地。伯禽得意揚揚地前往辭行，剛一見面，周公就二話不說把他痛打一頓。此後一連三次都是這樣。伯禽不解，便去請教當時的哲人商子。商子說：「南山之陽有一種樹叫喬，南山之陰有一種樹叫梓，你為何不去看一下？」伯禽去了一看，只見喬木高大挺拔，宛若人昂首挺胸，梓樹卻矮小彎曲，宛若人俯首屈膝，回來後就把這種情況告訴給商子。商子說：「喬樹就是為父之道，梓樹就是為子之道啊！」伯禽恍然大悟，再去見父親時，態度十分恭敬，禮節非常周到，周公很滿意，當然就不會再打他了。

周公・清人繪

子女要孝順父母，體現在生活中的每一個細節中，而較為常見的禁忌有：一是忌子女管家，意思是說只要有父母在，子女就不能擅自管理家務，俗語有「父在堂，子不能專」的說法；二是忌子女存私財，民間還有「父在沒子財」的說法，意思是說有父親在子女不能留有私房錢；三是忌父子同席，凡婚喪嫁娶、節日慶典之時，子女是忌與父親坐在同一張酒桌上的，否則就會認為做兒女的沒大沒小，與禽獸無異。這些禁忌在漢族家庭中要求甚嚴，俗以為「叛父母，褻神明，則雷霆下擊之」。

在其他一些少數民族中，也有類似的禁忌：朝鮮族忌子女在長輩面前吸煙，若吸煙必須避開長輩；彝族父子禁同凳同床坐；鄂溫克族忌辱 老人，認為罵老人一定會折壽；景頗族忌諱在父母面前蓄長髮、留鬍鬚。

舊時家庭對於媳婦的要求比較苛刻。過去男子娶妻的目的主要是傳宗接代和侍候父母，所以媳婦在家庭中的地位很低，往往要雞鳴即起，梳妝整齊，隨身攜帶手巾、針線、小刀、取火用具等，以備公婆不時之需。然後隨丈夫向公婆請安，態度必須恭順。有一首唐詩說：「三日入廚下，洗手做羹湯。未諳姑食性，先遣小姑嘗。」意思是，新媳婦第一次下廚，不知道公婆所喜歡的口味，故先請小姑品嘗一下，因為小姑肯定瞭解她父母的喜好。新媳婦初入夫家，就是這樣一種戰戰兢兢的心態。

媳婦與公公的關係比較敏感，要做到恰如其分就必須「敬而遠之」：從輩分來說，媳婦必須要孝敬公公；從性別來說，媳婦與公公必須保持一定的距離。民間有「公公不搭媳婦肩」「公公背兒媳，出力不討好」的俗話。在山東等地，公公還忌到媳婦屋裡去。這一習俗主要是為防止發生「扒灰」醜聞。民間所謂「扒灰」，就是指公媳間發生不正當性行為。

在其他少數民族中，也有類似防止亂倫的禁忌：苗族、白族等忌諱媳婦與公婆同桌吃飯；彝族忌諱公公與媳婦說話；侗族婦女忌長輩男子在樓下時上樓；傣族女人若要在長輩男子面前走過時，必須彎下腰走；哈薩克族婦女忌在長輩面前走過，應在背後行走才可；柯爾克孜族忌媳婦的臀部對著長輩，因而媳婦從屋裡出來時，忌轉向，只能倒退著出去。

民間認為，除了父子之外，兄弟之間的關係最為親近，俗有「手足」「骨肉同胞」等稱呼。所以，哥哥要愛護弟弟，弟弟要尊敬哥哥。特別是父親去世之後，弟弟更應像對待父親一樣尊敬哥哥，這就是民間所謂的「事兄如父」。據說北魏時的楊津，官拜司空，年逾六旬時，依然每天早晚帶領子侄到哥哥楊椿處問安，而且哥哥不命坐，則不敢坐。無論楊椿回家多晚，楊津都要等著一起吃飯。有時楊椿在外喝了酒，楊津必親自攙扶回家，照料躺下，然後還不放心，自己就和衣而臥，準備隨時起身伺候哥哥。

然而一般來說，兄弟結婚之後，並不會輕易進入對方的居室。這一習俗主要是防止發生同輩間不正當的男女關係。小叔與嫂子、兄長與弟媳婦是一個門裡的非夫妻關係的男女，平時接觸較多，嫌疑最重，因而要求也更嚴。

一般來說，弟弟跟嫂嫂開玩笑還可以，哥哥卻不能與弟媳開玩笑。而且，即便是叔嫂之間，也有很多禁忌：漢族有「叔嫂不通問，不相為服」「嫂不撫叔，叔不撫嫂」「男女不同坐，不共巾櫛」等習俗，都是對叔嫂之間關係的限制。

忌男女同席：許多民族都有婦女不上宴客席的習俗，忌婦女與男性客人同席。舊時在家庭生活中，不僅妻子不與丈夫同宗長輩或同輩男性同桌吃飯，而且親兄弟姐妹之間也忌同桌吃飯。姑、姊妹、女兒，已嫁而返，兄弟不與其同席而坐，不與其同器而食。

忌男女共巾櫛。也就是在家中，男人女人的衣服不能晾曬到同一根竹竿之上。這樣做的目的，或者是以為男女衣飾的接觸等於男女之間的接觸；或者是擔心晾衣收衣時男女有更多的接觸機會，從而易發生苟且之事。

舊時男女不平等，幾乎在生活中的每一個細節中都有所體現，平日居家時，妻子要侍奉於丈夫之側，不得遠離；一見到丈夫要立即起立，不能依舊坐著；稱呼丈夫要用尊稱，不能直呼名字；盛飯獻茶，須用雙手奉上……顯而易見，妻子儼然就是丈夫的「傭人」。夫妻之間的禁忌很多，如下：

忌夫妻互換衣帽。有的地區在結婚時，有男女雙方互換腰帶的習俗。但是在平時，卻忌彼此穿對方的衣服。如果有男人穿了妻子的褲子，則往往會成為人們取笑的對象。

忌夫妻勞動無別。舊時漢族民間的夫妻分工明確，一般是「男主外，女主內」，所以丈夫稱妻子為「屋裡的」，妻子稱丈夫為「外頭的」。也就是說，丈夫要幹丈夫的活，妻子要幹妻子的活，若不加以區別，男女從事同樣的勞動，則會犯忌諱。民間有「男做女工，越做越窮」「男做女工，一世命窮」「男做女工，爛脫臀宮」等俗諺流傳。

忌妻無婦容。舊時忌婦女走路時抬頭挺胸，否則便以為女子會克夫克子，只有丈夫才能挺胸抬頭，俗語有「低頭老婆，仰頭漢」之說。做妻子的坐時忌蹺二郎腿，否則會以為是不安分守己的女人，也忌兩腳向外岔開坐著。

忌妻子打鼾。俗話說「男人鼾田莊，女人鼾空房」，意思是丈夫打鼾不要緊，會打來田地莊園；妻子打鼾就不吉利了，是要方死丈夫的徵兆。

為維護和諧的家庭生活，遵循一定的倫理規範與禁忌是有必要的。但是不難看出，舊時家庭倫理禁忌中男女不平等問題非常突出，旨在維護男女不平等關係的禁忌實質上是一種陋習，應當予以革除。

出行禁忌

出門遠行也是人們日常生活中常有的。舊時交通不便，出門在外困難很多，故有俗語說「在家千日好，出門事事難」。為了出行順利、旅途平安，民間就有了種種出行的禁忌。

舊時民間認為，人在旅行途中的安全是由路神掌管著的。路神，也叫行神或者祖神，因與人們的旅行生活密切相關，所以被立為五祀之一。東漢時的鄭玄說：「行（神）主道路行作，使者出，釋幣於行；歸，釋幣於門。」（《禮記 · 祭法》鄭玄注）也就是說，在出行時必須先敬路神，以祈求平安；歸來時再次祭路神，以謝保佑之恩。路神是誰，古今說法不一。據《山海經 · 海內經》記載，路神為黃帝元妃嫘祖，而《前漢書》卻以為是黃帝之子嫘祖，「好遠遊而死於道，故後人以為行神」（《集說詮真》）。另據《風俗通義 · 祀典》載，路神為共工之子，名脩，「好遠遊，舟車所至，足跡所達，靡不窮覽」，故後世奉為路神。可見，古時路神信仰雖然較普遍，但是既無定論，也無固定的儀式。此外，民間還以為人死之後，魂歸地府，也會有旅途安危之虞，故出殯時也要祭祖，這一儀式在東

北民間叫「送盤纏」。

路神

《論語》裡有「父母在，不遠遊，遊必有方」的說法，一方面規勸孝子盡可能不要出遠門，另一方面如果必須出遠門，一定要有明確的方向。言外之意，出遠門有一定的危險性，有可能無法再向父母盡孝道。在過去落後的交通與通信條件下，這種善意的提醒當然很有必要，故《論語》此說在過去影響深遠。特別是「遊必有方」一說，更成為後世出行必須慎重考慮的。俗語有「老不上北，少不上南」「老不入川，少不遊廣」「老勿走新疆，少勿走蘇杭」等等，都是民間流傳的遠行方向禁忌。這些俗語的大意可能是：蘇杭、廣東等南方地區經濟發達，是花花世界，年輕人去了，往往禁不住誘惑，誤入歧途；進入四川的道路難走，老年人很難克服路上的困難；新疆等北方地區，自然條件不好，老年人去了，身體可能受不了。

出門遠行，民間還有選擇出行吉日的習俗。舊時認為，噩神乃災禍之神，定時雲遊四方，出行者應擇時上路，以免沖犯。出行時間方面的禁忌有：俗說「六臘月出門，神仙也遭難」，意思大約是指六月、臘月大暑大寒，氣候惡劣，出行困難；忌黑道日出門，也就是每月的初五、十五、二十五都不能出遠門，更不能在外住宿，特別是正月初五，俗謂「破五」，最忌出門；河南虞城縣一帶有「要出走，三六九；要回家，二五八」的說法；安徽省蕭縣一帶有「三六九，向東走；二四七，向正西」的說法，也就是每月的三、六、九日宜東行，二、四、七日宜西行；《碧玉經》中有「初一忌西行，初八南方忌，十五東方凶，月晦北不利」的說法，其中所謂的「月晦」是指農曆每月的最後一天；

忌諱十三日出遠門，因為「十三」與「失散」諧音；忌諱下午出門去看望別人，據說下午屬陰，對他人不利；俗說「七不出門，八不回家」，也有說是「七不往，八不歸」的，意思是每月的初七、十七、二十七日忌出行，初八、十八、二十八日忌回家。

民間流傳有「楊公忌日」，據說諸事不宜，這當然也包括出行在內。全年總共十三日，即正月十三，二月十一，三月初九，四月初七，五月初五，六月初三，七月初一、二十九，八月二十七，九月二十五，十月二十三，十一月二十一，十二月十九。俗以為在這十三日裡，做什麼事都不吉利，且有歌曰：「先人留下十三日，興動須防多損失。便要妄動去求利，不遭火盜定主凶。婚姻嫁娶不度久，難得到頭終不吉。凡人出入遇此日，勞勞碌碌得損失。安葬若還遇此日，後代子孫得無食。上官赴任用此日，破賊多愁主革職。得知廣普傳與人，子孫昌盛皆陰騭。」

假如已經選定了一個起程的吉日，但意外地出現了不良的兆頭，則一般會取消出行。如果必須出行，則至少也要延期幾日。因為在舊時民間看來，吉凶必有前兆，這是鬼神對人的啟示或者警告。此類凶兆有烏鴉叫、婦女外出遇見白鼠、母雞打鳴等等。

商山早行圖

出門上路，最好找幾個人結伴而行。俗話說「一人不上路，二人不看井」，意思是獨自遠行，缺少照應，一旦出現意外，後果不堪設想；若只有兩個人在一起時，則盡可能避免同去險地，因為萬一遭到暗算，沒有旁人做證人。

民間還有「窮家富路」的說法，意思是說，即便是在家中生活節儉，在路上也不要太吝嗇。因為遠行在外，身體勞累，如果捨不得花錢，損傷了身體，就不划算了。但是，俗話說「出門不露白，露白會失財」，意思是出門最忌張揚，應當妥善保管貴重的財物，以防丟失。

為了出行安全，最好能白天趕路。俗話說「愛走夜路，總要撞鬼」，意思是說晚上趕路容易遇到麻煩，而白天趕路則安全多了。如果非走夜路不可，則還有特殊的禁忌：若聽見有人叫自己的名字，忌輕易應聲。俗以為這可能是野鬼在試探自己，若答應了，靈魂便為鬼魅所攝，人將遭遇不測。如遇此種情形，最好的自我解救辦法是連吐三口唾沫。民間認為人的唾沫有一種神奇的魔力，可以暫時鎮住邪惡。

出行在外，還忌諱遇上出殯的，俗以為不吉利。破解的辦法是將衣帽脫下，撲打數次，可以散晦氣。不過，東北一帶民間認為，出行遇到喪事主吉，因見著棺材為遇財（材），棺材裡邊有死人更好，謂之「財（材）不空」，相反，如果遇到娶媳婦辦喜事的，則不吉，不知何故。

家居是人們生活時間最長的地方，由於心之所屬，故自然會帶給人一種安全感。而一旦離開這個熟悉的環境，這種歸屬感與安全感就會立即消失。所以，人們潛意識裡就會覺得出行是在冒險，因此民間關於出行的種種禁忌，也就可以理解了。現在看來，舊時民間的出行禁忌，很多都沒有什麼根據，是不經之談。但其中也有一些人生經驗的總結，故不可以全盤否定。

行業禁忌

與人交往，除了要考慮民族背景、宗教信仰以及文化層次的差異外，彼此所處行業的不同也不容忽視。中國民間有三十六行、七十二行、三百六十行等說法，其行業數目不過是一種泛指，指行業之眾多。不同的行業由於具有不同的職業特徵與風貌，因而具有不同的禁忌習俗。若同他人交往，無意中觸犯其所在行業的禁忌，也會影響到彼此交流的順利進行。

商人在社會中所占的比重雖然不大，但是其重要性卻不小。一個人不與農民直接交往可以生存，但是不與商人直接交往，則很難生存。因此，非常有必要瞭解商人的禁忌。由於經商可能會有賠本的風險，所以商界就形成了一些旨在趨吉避凶的禁忌習俗，商人們希望能通過遵守這些禁忌獲得亨通的財運。儘管有些商賈並不迷信，但他們也抱著「寧願信其有，不願信其無」的態度，遵循著這些行業禁忌。商人有行商與坐商兩種，前者指流動經商的人，後者指開店鋪經商的人。兩種經商者都有禁忌。

舊時有挑擔出門經商的人，民間通常稱其為「貨郎」。他們不辭勞苦，肩挑貨擔，手搖貨郎鼓，走村串巷，非常受歡迎。貨郎屬於小本生意人，除了辛苦地叫賣外，他們還希望通過講究各種禁忌獲得好運：忌出門見到烏鴉。烏鴉因其全身漆黑，與喪服相似，又喜食腐屍，故民間以為烏鴉之鳴為凶兆，俗話說，「老鴉叫，怕有口舌。」忌別人從他們的扁擔上面跨過，尤忌女人跨過。舊時女人社會地位低，被視為「不潔」之人，若跨過貨郎的扁擔，可能會給他們帶來惡運。忌出門遇見尼姑、和尚。佛教信徒因不結婚而無後，因而出門經商的人擔心，遇到這些無後的人可能會導致他們的財富不能增加。忌「月忌日」出門經商，也就是每月的初五、十四和二十三不出門。忌說涉及豺狼虎豹等的字句，認為犯忌則外出不吉。

貨郎圖

與貨郎們不同，店主們受的辛苦少，獲利卻相對要多。然而，坐商的禁忌更多：忌「開張不成」。北方地區的商人把早上的第一筆交易稱為「開張」，店主們一般都樂於在價格上給每天第一位顧客以較大的優惠，以促成早「開張」。忌早晨第一個客人不成交而去，恐帶來一天的霉運。忌在店鋪中看書。商人最忌諱的是輸、虧、賠，所以無論是意近還是音近，凡是能聯想到賠本的東西都忌諱。「書」與「輸」同音，故很多店主不允許店員在店鋪中看書，怕「輸」了本。忌店員面朝裡背對店門而坐。無論有沒有顧客，店主都規定店員要面對店門而坐。民間認為，背對店門則意味「生意背、財運背」，因此為商家大忌。從顧客角度來看，店員背對店門，是對顧客不禮貌的行為。忌往店外掃垃圾。店內打掃衛生時，垃圾要從外往裡掃，意即掃進金銀財寶；如果從裡往外處掃，則被認為是把財富也掃出了門，生意會虧本，因此也成為店家之忌。忌坐在收款櫃檯上。收款櫃檯是店鋪貯錢之器，俗以為坐在上面會壓住財氣，導致生意不順。因此，商家把坐在收款櫃檯上視為大忌。

無論東西南北，商業的經營模式都差不多，故各地的商業禁忌沒有多大差別，而農業則有很大不同。一方面各地的自然

條件相差很大，另一方面農業生產的流動性相對很小，故各地的農業禁忌千差萬別。儘管隨著工商業的發展，真正從事農業的人口在不斷地下降，但農民依然在我國人口中占絕大多數。由於農業仍舊是靠天吃飯的行業，故一些舊式農民常把收穫的希望寄託於神靈的保佑與恩賜上。拋開各地形式多樣的農業祭祀與生產中的禁忌不說，農民普遍忌諱在收穫、貯藏糧食的場合說「糧食少」之類的話。如果收穫季節，在打穀場上或者糧倉邊，問農民「你家的糧食收完了？」「只有這些糧食嗎？」之類的話，主人會感覺非常不高興。

楊柳青年畫・五穀豐登莊稼忙

與農民不同，漁民捕魚有很大的風險性，故最忌說「翻」「沉」「倒」等字眼，碰到相同字音的詞都要改口，如把「帆」說成是「抹布」。甚至連翻動的動作都忌諱，如煎餅時只煎一面，忌翻過來煎另一面。另外，還忌諱用船運載死人，忌諱男女在船上交歡。

礦工從事的也是危險行業，故忌諱說可能存在危險的字眼，如說「垮」「塌」「砸」之類的話。在礦井裡生產時，礦工們忌諱打死礦井內的小動物，因為俗以為動物死後也會有靈魂，如果無故打死井下的動物，會招來其靈魂的報復，從而引發礦難。此外，礦工忌諱別人敲他的安全帽，忌諱在礦井口燒紙。

讀書人也有特殊的禁忌。由於古書上說，文字是聖人創制的，故讀書人非常珍惜有字的紙。最忌諱燒掉有字的紙，也忌諱用有字的紙代替衛生紙上廁所，認為這樣做污辱了聖人。

除了上述主要由生產分工造成的社會分化外，社會矛盾也會造成社會分化。自清朝中葉以來，中國民間的幫會數量很多，很多幫會都有一些特定的幫規俗約。這些或人為規定、或約定俗成的規則，對其組織的所有成員具有一定的禁忌與約束作用。

這些小集團內部的禁忌，雖然未被全體社會成員所接受，但其中並非沒有可供參考的東西。例如徐珂的《清稗類鈔》中提到：

一、兄弟之妻室必須務正，有妻室即不宜貪色。如妻室不務正者，刵其兩耳；如貪色者，處以死刑。

二、兄弟之父母死後，無力埋葬，告貸於兄弟者，無論何人不能抗拒。抗拒者，刵其兩耳；再抗拒者，加重刑。

三、兄弟訴說窮乏而有借貸者，不能拒絕。若侮辱之或嚴拒之者，刵其兩耳，再拒，則加重。

四、兄弟至賭場，不可故令輸財或私行騙取之。犯者處以笞刑一百八十。

五、自入洪門以後，不可私與外人以會章，犯者處以死刑。

六、兄弟營謀事業，或有所營運於國外，因而封寄錢財托寄文書者，不可私用之或騙取之。犯者刵其兩耳。

七、兄弟與外人爭鬥而來告知，必當赴援。詐為不知而不赴援，則處以百八十之笞刑。

八、入洪門之後，恃自己之尊大而侮蔑賤者，恃自己之強盛而淩虐弱者，刵其兩耳，並加以七十二笞刑。

九、兄弟遭遇困厄，必當貸以金錢，唯借者不可不還。若恃強硬借，不思歸還者，處以百八十之笞刑。

十、兄弟危急時，或遭官吏之懸賞而被捕縛，告知後不可不救。詐托不知而規避，違此規則者，處以百八十之笞刑。

這種小集團的利益規則，在某種意義上反映了當時民間的一些禁忌習俗。

會客禁忌

迎來送往、待人接物是日常生活重要的組成部分，而人與人之間的微妙關係，並不是完全可以用法律來規範的，特別是親戚、朋友之間的關係，常常是靠種種禁忌習俗來調節的。

中國人向來熱情好客，如果有人待客不周，是會被他人蔑視的。一般情況下確實如此，但在交友、訪友、會客等交往的過程中，人們並不是毫無選擇，而常常是有顧慮、有禁忌的。有時候，自己可能完全是一片善意，但卻有被他人誤解的可能。在這種情況下，一般要約束自己的行為，以免被他人猜疑。此類禁忌大致有三種情況：

一是異性之間交往，為避嫌疑而有所忌諱。如俗話說「男女授受不親」「男女有別」「男女不同席」「寡婦門前是非多」等等。

二是窮人與富人之間的交往，為避猜測而有所忌諱。俗話說的「貧不串親，富不串鄰」，即屬此類。意思是說，窮人去親戚家串門，別人可能懷疑去借錢；富人去鄰居家裡串門，別人可能懷疑他為富不仁、想幹壞事。換言之，就是「貧串親，易遭白眼；富串鄰，易誣奸犯。」

三是特殊場合，為避猜疑而有所禁忌。如「瓜田不納履，李下不正冠」「小子不舀麻糖籃，閨女不看瓜菜園」等等，均屬此類。

雪夜訪普圖

與人交往的禁忌，除了避嫌之外，民間還有理性的選擇。人們通常認為，一個人自己有良好的品德還不夠，還應當與品德高尚的人交往。俗話說「跟著好人學好人，跟著巫婆學下神」「近朱者赤，近墨者黑」等等，都體現了這種習俗。此外，民間還有「寧跟紅臉人打一架，不跟黃臉人說句話」「黃眼綠睛，莫談交情」等等，很顯然，這是在交往的過程中以貌取人，並且把人的外貌與品德對應起來。科學與否是另外一回事，此習俗反映的是人們想結良友的願望。

民間有一些交往禁忌，本來是具有合理性的，然而舊時的解釋卻往往將其神祕化了，「忌門」就是這樣的一種習俗。這種風俗就是在病人門上用樹枝、草、旗、鞋、紅布、竹笠等物件做記號，設門標，忌他人進入。從現代醫學的角度來看，這做法是合理的：一方面避免病人把病傳染給探望者，另一方面也可以讓病人多休息，以便儘快康復。然而民間的解釋卻往往與鬼神信仰結合起來，五花八門，無所不有。

有些交往禁忌比較功利，比如俗話說的「會交朋友，交些鐵匠、木匠；不會交朋友，交些道士、和尚」「前門不進尼姑，後門不進和尚」等等。顯而易見，交些鐵匠、木匠，能用得上；

若交些尼姑、和尚能有什麼用呢？而且忌交尼姑、和尚也有異性避嫌之意。

此外有些禁忌還顧及到物件的年齡特點，考慮比較周全。例如俗話說「七十不留宿，八十不留坐」「七十不留飯，八十不留宿」等等，因客人的年齡太大，恐有不測，故忌留飯留宿。

醉飲圖

當然，上述交往禁忌算是較特殊的情況，一般來說只要是有客登門，主人都能以禮相待，俗話說「有理不打上門客」。但是按照民間習俗，做客與待客方面也有不少禁忌。做客的禁忌，以尊重主人為原則；待客的禁忌，以熱情周到為原則。

要做客，首先是時間的選擇。舊時習慣於午前專程拜訪，若午後前往或趁他事之便順便前往則顯得不夠敬重。如果事先沒約定，進入人家的房屋時，應先敲門，得到主人允許後再進入。如果主人家門大開，也要先招呼一聲，室內有人應聲時再進入。否則，不禮貌，犯忌諱。俗話說，「不踏無人之室，不入無人之門」。如果事先有約定，則主人常到大門外迎接，賓主見面，三讓而後進門，表示相互尊讓的意思。無論是哪種情況，賓主見面時，雙方都應主動向對方打招呼。此外，客人還應當向主婦打招呼，否則，以為無禮貌，輕視主人。客人到主家後，忌諱東張西望，而且有兩類房間是進不得的，即生意人的「帳房」和女人的「繡房」。如果客人帶著藥包、香燭、燒紙之類的東西，宜放在大門外，忌諱帶進門來。若主人家裡有狗護院，客人不得隨便打主人家的狗，否則，以為是「打狗欺主」。

如果要宴客，坐次是很講究的。據《禮記・鄉飲酒義》可知，古時鄉飲酒時坐、立、服役都依年齡大小而不同，如年六十者始能坐，五十者立侍以聽政役。現代宴客當然大家都坐，但要按年齡、尊卑排序：年長而德高、尊貴而善良者居於上，主人常坐於下位。坐次錯亂，是宴飲社交中的一大禁忌。在宴席上，客人要尊敬主人，忌諱先於主人飲食，俗話說「主不動，客不吃」「主不吃，客不飲」；主人應熱情主動，招呼客人飲酒用菜，忌只顧自己吃，不招呼客人。

交往中人們常常互相饋贈禮物，以表達友好的情感。然而，根據人們之間社會關係的不同，禮物又常常帶有不同的象徵意義。因此，饋贈禮物時也有一些禁忌習俗存在。漢族自古就有送禮的習俗，故客人來訪時，必帶見面禮。送禮的意義不在於禮物本身的價值，而是表達了一種祝福、吉祥的意願，俗話說得好，「千里送鵝毛，禮輕情意重。」

民間饋贈，忌送手巾，俗話說「送巾，斷根」。這是因為舊時於喪事辦完後，主人會送手巾給弔喪者，讓弔喪者與死者斷絕來往。故贈人手巾，不僅有永別之意，還會令人想起不吉的喪事來。

忌以扇贈人，民間有「送扇，無相見」的說法，也會引起絕交的猜疑。因為扇子在夏天用完之後，就無使用價值了，常被捐棄。

忌送人剪刀，因為剪刀一方面有要傷害對方之嫌，另一方面有「一刀兩斷」「一剪兩斷」的不吉之意，也暗示絕交。

忌送雨傘，因「傘」字與「散」字諧音，唯恐引起對方的誤解。

若要探視病人，禮品則有特殊的禁忌：用單數不用雙數，特別忌用四個，因為「四」與「死」諧音；忌送劍蘭，因「劍蘭」與「見難」相諧，正犯了病人的大忌；忌送梨，因「梨」與「離」同音。如果給病人送水果，最好送蘋果、橘子、桃、栗子等，因為這些水果的名字與「平安」「吉」「逃」「利」諧音，都含有平安吉利、逃離病魔的寓意。

另外，客人臨走時，主人應有回贈，中國人很講究「禮尚往來」，舊有「有來無往非禮也」之說。一般回贈時，忌將原物送還，因為只有在拒絕收受對方餽贈時才如此辦理。

總之，餽贈禮品本是好意，若引起誤會，就完全違背了餽贈者的初衷。所以，這些禁忌習俗的形成也是可以理解的。

婚育禁忌

嫁女擇婿、娶妻生子，自古以來就受到民間社會的高度重視。在普通百姓看來，這麼大的事，誰都願意錦上添花、喜上添喜，所以無論在哪個節骨眼上，若是有人沒頭沒腦地冒犯了禁忌，往往很難得到眾人的諒解。

戀愛禁忌

戀愛，是男女互相愛慕的行為表現。在古代，由於封建禮教的存在，青年男女通常不能夠自由戀愛，結婚要由媒人為男女雙方撮合。如《詩・豳風・伐柯》中就說：「伐柯如何？匪斧不克。娶妻如何？匪媒不得。」而現在提倡自由戀愛，媒人的作用大大降低了。

但民間也有自由戀愛的例子，《詩・衛風》有一首題為《氓》的詩，前半部寫一對青年男女從相愛到結親。大意是說一個敦厚的男青年到女子家來買絲，但目的不是買絲，而是要娶賣絲的女子為妻。女子也有了情，就送男子回家，送出很遠，男子要求很快成親，女子說不是故意拖延時日，你還沒有請人來說媒，還是等到秋天再結婚吧。這樣二人約定了再會的時間和地點。屆期，女子先到，見男子還沒有來，心裡又想念對方，又怕對方失約，因此悲傷起來，眼淚流個不停。稍後男子到了，女子高興得又說又笑，男子對女子說，我們的婚事，已占卜過了，沒有不吉利的地方，我們結婚吧。女子痛痛快快地答應了，搬上自己的財物，乘著男子的車離去，結成了伴侶。《氓》這首詩是反對女子自由戀愛的，但卻反映先秦時期民間自己選擇配偶有一定的普遍性。

老鼠娶親年畫

相對於漢族而言，有些少數民族的戀愛比較自由：他們建立戀愛關係，有時在特設的場合，有時甚至在公開的場合，因此常常不需要媒人幫忙。不過，戀愛自由，並不意味著沒有禁忌。舊時，有一些少數民族在村寨邊上建立了「公房」，作為青年男女談戀愛的場所。他們晚上在「公房」約會，吹拉彈唱，談情說愛，之後同宿而居。不同民族有不同的禁忌。一般同姓、近親、不同輩分不得進入同一公房。同宗族的男女，即使相隔八代，也不能同到一個公房中對歌、戀愛。已經婚嫁的男女忌混進公房中去。

傣族青年戀愛是自由的。節慶喜日、婚喪嫁娶、公私宴會等場合，都是戀愛的好機會。戀愛的方式，主要有對歌和「串姑娘」等。不過，他們談戀愛有時間上的禁忌。「關門節」和「開門節」是傣族重要的節日，其中「關門節」為傣曆九月十五日，「開門節」為傣曆十二月十五日。在這兩個節日之間的三個月中，正是當地陰雨連綿的季節，此時痢疾發病率極高。在這段時間裡，禁止戀愛、嫁娶，忌用肉食。到了傣曆十二月十五日的「開門節」，人們的生活又開始活躍起來，從這一天到下一年的「關門節」，自由戀愛將不受限制。

苗族的「會姑娘」和「踩花山」是青年男女談情說愛的好時機，他們身著盛裝，歡聚對歌，對歌是談戀愛的主要方式。

但苗族規定不得在家中唱情歌，只能在田野或到姑娘們雲集的桃花場去唱。小夥子吹蘆笙，也忌諱邊吹邊向寨內走，只能邊吹邊向寨外走。吹蘆笙時只能吹一對蘆笙，忌兩對以上同時吹，因為只有辦喪事時才吹兩對以上的蘆笙。

瑤族青年男女崇尚自由戀愛。在生產勞動、趕圩做客和節日聚會中，多以歌聲為媒介，表達對異性的愛戀之情。但他們規定：同寨的青年男女不能對歌，老人在場不能對歌，自己家中的人更不能對歌，男女二人不得單獨或在僻靜的地方對歌等。他們談戀愛一般要在吊樓內進行，俗稱「爬樓」。若在「爬樓」過程中有性行為發生，就會遭到嚴厲的懲罰。

「夜訪」是黎族、布朗族青年男女談情的一種獨特方式。夜訪只能男方到女方家，忌女方到男方家去。每當夕陽西下，男青年們便跋山涉水走到遠山別村的「姐妹隆閨」去。通過對歌和吹奏口弦、鼻簫來尋找情人。男子首先要以歌叩門，女方若同意他進來，就回應一首歌。待到男子進得門來，還不能隨便亂坐，要對唱見面歌和請坐歌才行。

達斡爾族青年男女訂婚後，男方要送女方家馬、牛、羊和酒，稱為「大禮」。結婚這一天姑娘要躲藏起來，不見未婚夫。

婚禮前一個月，男方還要送一次小禮，這時未婚夫婦才可以見面，並在一起吃「拉裡」和掛麵。

佤族男女在婚前交往自由，稱為「串姑娘」。青年男女兩三人或聚在一起，或在公房，對唱情歌，互贈信物。在串姑娘時，男子很忌諱做夢的內容。如果做的夢好，就能結成夫妻；如果做的夢不好，戀愛關係只得終止。另外，佤族婚俗中有同姓不婚的限制，所為「同姓」，是出於同一祖先具有血緣關係的人們集體，就佤族現實來講，是家族。

相對於少數民族而言，漢族在青年男女戀愛方面，要保守得多。特別是婚前性行為，是絕大多數人所禁忌的。在戀愛期間發生性行為，被認為是見不得人的事，是傷風敗俗的事。漢族強調「童貞」，要求女子必須守身如玉。一旦失去貞操，就會被家庭所遺棄，被社會所唾棄，甚至有生命危險。如果女性未婚懷孕，就要立即與未婚夫結婚。如果未婚夫不同意結婚，女方家就會想盡一切辦法再找一家把她嫁出去。如果姑娘婚前生育了，就會被人們視為罪人而被趕出家門，她的父母還要受人歧視。

一談到婚外戀，人們往往持否定甚至鄙視唾 的態度，民間通常認為婚外戀是不道德的，會給家庭、社會帶來不幸和災難。婚外戀者一旦被發現，將會受到嚴厲的制裁和懲罰。雖然在古代有形形色色的婚姻形態存在，但作為風俗習慣，婚外戀始終是受到禁忌的，比如漢族有俗語「賭近盜、奸近殺」「過去桃花運，就是窟窿山」等等，說的就是婚外戀。人們通常把婚外戀定性為「通姦」，鄙視態度可見一斑。

除此之外，對於身體有殘疾的人而言，戀愛也會受到種種限制和干涉。民間忌諱身體健全的人與身體有殘疾的人戀愛，一般家庭也會對這樣的戀愛進行干預，予以禁止。漢族民間又有忌與有狐臭的人結親的風俗，說狐臭會傳染，難治癒。這種禁忌風俗客觀上有積極的意義，但是殘疾人的戀愛權利也不應被簡單地否定。除了有性病或者其他可能傳染、遺傳的疾病外，社會應當允許有殘疾的人戀愛。

婚齡禁忌

一般來說，到了適當的年齡就應該結婚，否則將要受到輿論的猜疑，俗話有「男大當婚，女大當嫁」「閨女大了不可留，留來留去留成仇」，「男大不婚，女大不嫁，恐怕弄出大笑話」等等。那麼，究竟多大才是適當的婚齡呢？在中國，不同時期有不同的限制。

據《周禮・地官・媒氏》載：「男女自成名以上，皆書年月日名焉。令男三十而娶，女二十而嫁。」《禮記・內則》記載：「（男）二十而冠，始學禮……三十而有室，始理男事。（女）十有五而笄。二十而嫁。有故則二十三而嫁。」可見在西周及其以前，一般認為男三十、女二十才是合適的婚齡。

到了春秋時期，越王勾踐被吳國打敗回到會稽，臥薪嚐膽，積蓄力量進行復仇，實行「十年生聚，十年教訓」的方針。「生聚」的內容之一就是增殖人口，據《國語・越語上》記載：「女子十七不嫁，其父母有罪；丈夫二十不娶，其父母有罪。」這是把男二十歲、女十七歲定為最遲結婚年齡。

從漢代一直到魏晉南北朝時期，國家法定的男女結婚年齡不斷降低。據《周書・武帝紀》記載，北周武帝建德三年（西元574年）詔令：「自今以後，男年十五，女年十三以上，爰及鰥寡，所在軍民，以時嫁娶，務從節儉，勿為財幣稽留。」可見，女子十三歲就要成親。這是目前所知的法令中，結婚年歲最小的。

大略來看，從唐朝直到清朝，青年男女的法定結婚年齡以男子二十歲、女子十五歲居多。

到了中華人民共和國建國初期，新《婚姻法》規定婚齡為男二十周歲、女十八周歲以上。1980年又改為「男不得早於二十二周歲，女不得早於二十周歲」。

青年男女結婚的實際年齡，依照本族的習俗，又有一些特殊的禁忌：在漢族的部分地區，忌男女在二十五歲結婚，若結婚，就會有災難。

民間婚齡的禁忌，還與兄弟姊妹的排行有關：傣族舊時男行三忌與女行四結婚。據傣族的傳說，以為男行三與女行四結婚，不能白頭偕老，或者會家運不盛、終身無子。而烏孜別克族、景頗族的傳統習慣是，男女青年結婚必須遵循先長後幼的原則。哥哥未婚，弟弟不能先娶，妹妹也不能先嫁；姐姐未嫁，弟弟也不能娶妻，妹妹也不能嫁人。舊時東北地區的漢族也有此俗，即兄弟姐妹應按從長到幼的順序依次結婚，當地話叫「不能隔著鍋臺上炕」。

以上談的是男女單方面的婚齡禁忌，還有一些關於婚齡的禁忌是需要通過男女雙方的年齡來斷定的：漢族民間提倡「般配」，忌諱男女雙方年齡差距太大，如果相差懸殊，就會被人們說三道四，俗諺有「年老不要娶少妻，要娶少妻生閒氣」；在男女雙方年齡相差不多時，忌年齡相差三、六、九歲，認為會犯刑、沖、克、害，於婚姻不利；忌女性比男性大一歲，俗語有「女大一，不是妻」；忌男女雙方是同年生的，尤其忌同年同月出生，俗諺云「同歲不同月，同月子宮缺」，意為同年同月出生的人結婚會影響子孫的繁衍。

談到婚齡，就涉及屬相的問題。民間認為，生肖也有相生、相克的關係。常見的諺語有「兩虎相鬥，必有一傷」「兩隻羊，活不長」「青龍克白虎，虎鼠不結親」「羊鼠相逢一旦休，從來白馬怕青牛；蛇見猛虎如刀斷，玉兔見龍淚交流；家雞餓犬唯回避，小豬個個怕猿猴」等，若男女雙方的生肖違反了這些組合禁忌，他們的婚姻通常認為是不吉的，一般都會遭到家人的反對。

除了這些生肖組合的禁忌外，民間還有忌屬虎和屬羊女子的習俗，認為這兩個屬相的女子克夫。特別是屬羊的女子，俗語說「臘月羊，守空房」。為什麼這樣說呢？民間有「眼露四白，五夫守宅」的說法，而羊眼是露四白的，故認為此屬相不好。這一禁忌在民間的影響很大，舊時屬羊的女子難嫁，所以羊年出生的女孩在報戶口時常常多報一歲或者少報一歲。近年來隨著醫學技術的發展，很多夫妻甚至選擇不在羊年生小孩，以致屬羊的孩子明顯偏少。

蘇州桃花塢木版年畫・十二生肖

另外舊時民間還盛行「合婚」，方法大體有如下幾種：

一是神煞法，即根據八字命局存有的所謂神煞合婚。男命八字中有某某神煞是克妻的命，女的不能嫁他；女的八字中有某某神煞克夫，男的不能娶她。除了極少數農村地區外，這種合婚法已經基本絕跡了。

二是屬相法，即根據男女生肖之間的生克關係來確定。

三是年柱法，即用年柱兩個字的關係來看男女的婚姻吉不吉。所謂年柱，就是指男女雙方各自出生年的天干與地支。若年柱天合地合則婚姻吉，天克地沖則婚姻凶。

四是用神法，就是男女八字命局的用神互幫婚姻為吉，相克為凶。

這些方法是找算命先生來做的，比較麻煩，此外還有一種非常簡便的方法：把雙方的生辰八字在各家的神牌處放置三天，在這三天中，若家中平安，或有喜事出現，便認為神靈認可，則可以商議婚事；若出現有碗打破、筷子折斷等意外事故發生，則認為祖神對此婚姻不滿，應退還八字，此門婚事就此作罷。

上述有關婚齡的禁忌，存在合理的成分，但同時迷信也較多，故生活中宜多方面權衡，謹慎從事。

擇婚禁忌

青年男女從戀愛到結婚，雖然是個人的事，但卻必須遵守族姓的擇婚禁忌。違反這些禁忌的婚姻，被民間認為是族姓的災難，因而是無法接受的。族姓擇婚禁忌的表現形態是多樣的，大體上可以分為兩類：一類是族姓內婚禁忌，一類是族姓外婚禁忌。

在同一氏族、家族內部締結的婚姻關係，就屬於族姓內婚。這種婚姻制度實際上是原始公社群婚制的殘餘，是一種相對落後的婚姻形態。實行族姓內婚的民族，除親生父母、子女、親兄弟姐妹外，叔伯兄弟姐妹之間均可婚配，甚至不同輩分之間也可婚配。從遺傳學角度來看，這種婚姻不利於優生優育。但是，對於個體氏族或家族而言，它可以最大限度地減少女子外嫁，並把她們當作家族的財產或勞動力保留在家族內部。根據相關資料，怒族、布朗族、傈族等民族近現代仍流行此種婚俗。實行族姓內婚的民族地區，是忌諱與其他族姓通婚的，違犯者會受到族人的譴責和制裁。不過，自從新的《婚姻法》實行後，此類婚俗正在逐漸改變。

與族姓內婚類似，有些民族實行民族內婚。所謂民族內婚就是只能在本民族內部通婚，忌與其他民族通婚。這種婚俗可能是由於地域、語言等方面的客觀條件限制，也可能是由於民族習慣、宗教信仰的不同，或者是由於有意維護民族種屬的純正等原因。從本質上講，民族內婚不過是族姓內婚的延伸。嚴格實行民族內婚的地方，與他族人通婚的犯忌者會受到本族人的譴責和懲罰。在清朝前期，滿族也曾有不與漢人通婚的禁忌信條，俗話說「旗民不交產，滿漢不通婚」，然而現在，滿族中已經很少有人再遵循這樣的擇婚禁忌了。隨著交通的發達、社會的進步和民族關係的改善等等，其他原本實行民族內婚的民族也在淡化這些擇婚禁忌，開始與鄰近民族以及遠方民族通婚了。

與族姓內婚相對，實行族姓外婚的民族忌族姓內部通婚，這樣就最大限度地避免了近親結婚的可能。從遺傳學角度來看，這是一種較先進的婚姻習俗。根據文獻記載可知，華夏民族早在傳說的五帝時代就已經有了族姓外婚的習俗。顓頊是傳說中的五帝之一，他的成長經歷，就體現了當時族姓外婚的社會風俗。據《史記 • 五帝本紀》載：「帝顓頊高陽者，黃帝之孫而昌意之子也。」顯然，顓頊應屬於崇拜龍的部族（據考，黃帝部族集團有多個圖騰，如龍、熊、雲）；然而《山海經・大荒東經》曰：「少昊孺帝顓頊。」晉郭璞注引《帝王世紀》云：「顓頊生十年而佐少昊。」《竹書紀年》（輯本）亦曰：「（顓頊）有聖德，生十年而佐少昊，二十而登帝位。」據此可知，顓頊的童年是在以鳳為圖騰的少昊部族中度過的。而且《山海經・大荒東經》說得很明確，「少昊孺帝顓頊」，「孺」意思是餵養吃奶的嬰兒。所以，顓頊的母親應是鳳圖騰部族中的一位女性。綜合這些文獻記載來看，作為龍族子孫的顓頊，母親屬於鳳族，且他自己也在鳳族長大。這就表明當時的女子並不出嫁到男子的部族，兩性結合需要男子到女子所在部族。由此可見，顓頊的成長恰好體現了當時崇拜龍的原始部族與崇拜鳳的原始部族已經結成了族姓外婚。

從文獻記載來看，族姓外婚風俗形成得很早。而到了周代以後，人們開始從理論上認識到族姓外婚的必要性，例如：《左傳・僖公二十三年》載：「男女同姓，其生不蕃。」《國語・晉語四》載：「同姓不婚，惡不殖也。」又曰：「異姓則異德，異德則異類。異類雖近，男女相及，以生民也。同姓則同德，同德則同心，同心則同志。同志雖遠，男女不相及，畏黷敬也。黷則怨，怨亂毓災，災毓滅姓。」這些記載表明，當時的人已經認識到同姓內部結婚會給宗族帶來災難，因此要禁止族姓內部通婚。

我國的一些少數民族，也同樣認識到族姓內部通婚的危害性。比如佤族人就認為同姓結婚是純屬「亂來」，是會得罪「上

顓頊，姬姓，本名乾荒，號高陽氏，黃帝之孫，昌意之子 ，中國古部落首領，「五帝」之一

天」的。如果同姓內部有人結婚，上天就會降臨災難，可能會讓人和牲畜死掉，讓莊稼長得不好，讓氣候失常，讓雷劈人等等。顯而易見，個人犯忌，全寨人都要遭殃。因此，同姓結婚者，將會受到族人和全寨人的嚴懲。

早期族姓外婚的習俗，主要體現為要避免同姓男女結婚。然而，隨著時間的推移，一些漢族大姓的人口越來越多，有些人雖然是同姓，彼此卻沒有了直接的血緣關係，因此也出現了漢族中無直接血緣關係的同姓男女結婚的現象。從科學的角度來看，這樣沒有什麼不可以。

有一些少數民族，情況與漢族不同，但也實行有條件的同姓通婚。廣西苗族就如此：由於當地苗寨具有「小集中，大分散」的分佈特徵，加之很多同姓寨子中的人又不願遠嫁，致使部分青年男女結異姓婚有困難。在這種情況下，寨裡人舉行一種叫「拔散」的特殊儀式，參加者實行同姓婚配就不再受到人們的非議了。若沒有這樣的儀式，同姓婚姻則是嚴格禁止的。據說舉行「拔散」儀式，會給村寨帶來某種災難，所以一般很少舉行這種活動。

「骨血不倒流」是民間針對單向舅表婚的一種禁忌習俗。

舅表婚又稱中表婚或者表親婚，實際上是族姓外婚的一種特殊形態。俗以為姑母和父親的血脈相同，娶姑母的女兒為媳婦便是「回頭婚」「骨血倒流」。漢族、滿族、壯族、達斡爾族、拉祜族、景頗族等都忌諱這種「骨血倒流」的婚姻。民間有「骨肉還鄉，家敗人亡」的說法，可見人們對此種婚姻的恐懼。這種婚俗的特點是：甲族姓中的女子可以嫁到乙族姓中，但甲族姓女子在乙族姓中所生的女兒卻絕不可以回嫁到甲族姓中。換言之，姑母的兒子可以娶舅父的女兒為妻，而舅父的兒子卻絕不允許娶姑母的女兒為妻。如果姑母的女兒嫁到舅舅家為媳婦，即是「骨血倒流」，就犯了大忌。

訂婚禁忌

據《禮記・昏義》載：「昏禮者，將合二姓之好，上以事宗廟，而下以繼後世也，故君子重之。」可見舊時中國人重視婚姻，並沒有考慮婚姻影響個人的一生幸福，而是看到其「上以事宗廟，而下以繼後世」的社會功能。的確，夫妻是家庭的基本成員，家庭又是社會構成的基本單位。因此婚姻品質如何，最終會決定社會的穩定與否。既然婚姻如此重要，締結婚姻關係當然要慎重了。舊時青年男女結婚前，要經歷複雜的程式才能正式確立婚姻關係。這一過程包括：納采、問名、納吉、納征。

納彩是古代婚儀六禮之一，也就是指男方家請媒人到女方家提親。舊時納彩通常要用活雁作為提親的禮物，不過，一般以活鵝來代替活雁。納彩用雁的做法，應當是狩獵時代的一種遺俗，但後人常附會了不同的解釋：一說雁一生只有一個配偶，失偶後，終生不再成雙，故民間用雁表達對締結婚姻的忠貞態度；一說雁為候鳥，故民間納彩用雁，取其順應陰陽往來之意。無論納彩用的是雁還是鵝，都忌諱用死的。因為議婚是喜事，人們當然不願意把喜事與「死」聯繫起來。

問名也是六禮之一，民間俗稱「下帖」。最初問名只不過是問女子的生母名氏，後來又擴展到女方的姓名、生辰八字、門第、職位、財產、容貌、健康等等。問名的目的是要進行「合婚」，也就是根據雙方的姓氏、生辰八字等資訊，來判斷雙方欲建立的婚姻是否違背婚齡禁忌與族姓擇婚禁忌。民間的合婚，一般要請算命先生來占卜完成。

清帝迎婚圖

如果合婚的結果是吉兆，那麼就要進行納吉了。納吉，也就是把占卜合婚的好消息告訴給女方。男方家卜得吉兆後，備禮至女方家確定婚約，這是訂婚階段的主要儀禮。納吉時，媒人還是要帶著雁去女方家，忌與納彩時的一樣。後來，帶雁逐漸演變成為帶有定聘性質的定金和定禮，一般多為戒指、首飾、錢幣、彩綢、禮餅、禮燭等，也有用羊和豬的。定聘的定金須是偶數，外邊包上紅紙，俗稱「紅包」或「喜錢」。定禮也都要成雙成對，忌諱用單數。禮單、禮帖用紅紙寫好，忌用白紙，上邊的字數也要是偶數，忌單數。顯而易見，喜偶數忌單數，寓意在於「成雙成對」；喜紅色忌白色，目的在於營造一種喜慶的氣氛。

定聘

古時納吉是男方家備禮至女方家確立婚約，而現在民間常採取一些變通的形式，並不完全按古禮進行。東北一帶民間往往擇吉日舉行「換盅」儀式，女子及其父母到男方家中確立婚約，同時還有男方的一些親友也到場做見證人。當日中午飯前要舉行的重要儀式有兩個：一是「換手巾」，也就是互贈定情物；二是「滿水」，也就是女子要給男方的親友獻茶，同時也能從這些親友那裡得到一個紅包作為見面禮。這兩個儀式完成後，在男方家中舉行午宴，標誌雙方的婚約得以確立。

納吉定聘的過程中，忌諱說出「重」與「再」之類的字眼，也忌諱在當日做事不能一次成功，而需要第二次，否則，可能會導致「重婚」或者「再婚」；忌諱打破碗、盤之類的餐具，俗以為這可能是婚姻不成的徵兆；忌諱女方將男方的聘禮照單全收的做法，因此女方常退回一些錢物給男方，如臺灣風俗是男方送來的豬肉，女方要將帶骨的部分退回給男方，當地的俗語說是「食你的肉，不吃你的骨」；東北一帶在「換盅」儀式結束後，男子送女子一程，臨別時女子會給男子一個包錢的紅包，叫「回頭錢」。

納吉結束後，男女雙方即是准夫妻了，彼此都要改口，分別和對方一樣稱呼親友。雖然僅限於面稱，但也忌諱不改。在東北一帶，定親之後，每逢端午、中秋和春節，男女雙方都要提禮物分別去對方家，看望對方的長輩。到了女方家，未過門的女婿忌下廚，否則會被認為沒有身份；到了男方家，未過門的媳婦忌不下廚，否則會被認為不明事理。

納征也是古代婚儀的六禮之一，民間又稱「納幣」「大聘」「過大禮」「下禮」等等，指的是男方送給女方正式聘禮，也就是「彩禮」。此前納吉時男方送給女方的禮物，僅僅是為了締結婚約而已。舊時納征儀式非常隆重，男方通常備有禮單，禮品裝入箱籠，或挑或抬，走街串巷，甚至伴以鼓樂，在媒人、押禮人的護送下送至女方家。聘禮的多少及物品名稱，多取吉祥如意的含義，數目取雙忌單。同納吉時一樣，聘禮送到女方家後，女方家忌將聘禮全部收下，一般要將其中一部分錢物退

迎娶

回給男方家。下過聘禮之後，雖然還未行婚禮，但名分已定。以金錢財帛為聘，本身含有一定的買賣意味，可能也算是對女方家中失去勞動力的一種補償吧。

在議定婚姻的過程中，漢族和受漢文化影響較深的少數民族一般會按上述程式來確定婚姻關係。至於納彩、問名、納吉、納征的名稱與細節，則各地往往有所變通，故不盡相同。

還有一些少數民族，並不按上述禮儀程式來確定婚姻關係。他們往往採用蔔婚的辦法，把婚姻的確立與否同某種特殊的物象相聯繫，從而形成了一些特殊的訂婚禁忌。實際上，上述古代婚儀中問名之後的「合婚」，也屬於蔔婚。各民族蔔婚的形式不同，例如哈尼族用「踩路」的方式蔔婚：當男女雙方初步同意訂立婚約後，會由雙方的老人陪同在寨外走一段路。如果雙方老人在走這段路的過程中，在路邊看到了狼等野獸，就認為是不祥的徵兆，雙方不會確立婚約。如果老人沒有見到此類野獸，則可以確立婚約。現在，此習俗已經有所改變，當地人已經不完全聽命於「踩路」了，故「踩路」僅流於形式。人們忌諱在「踩路」時遇到野獸，但即便出現野獸，也未必會改變決定了。

結婚禁忌

我國各民族、各地區的婚禮形態多種多樣，貫穿於婚禮過程中的禁忌習俗也是花樣迭出、複雜而煩瑣。古代漢族兩千多年前就為婚儀制定了「六禮」，即納彩、問名、納吉、納征、請期、親迎。其中，前四者屬於訂立婚約階段，後二者則進入了結婚程式。

請期就是擇定婚期。民間認為，婚姻大事，嫁娶的日子是最關鍵的，一定要擇吉避凶。舊時一般由男方先提出婚期意見，備禮到女方家，要征得女方同意，民間俗稱「提日子」。古俗依舊是用雁或鵝，現代多用紅紙書寫迎娶日期，表示協商之意。擇定婚期，民間一般把男女雙方的生辰八字寫下，請星相家推算擇定。

漢族及受漢文化影響深的地區忌無春之年嫁娶。無春之年，即是無立春節氣的年份，有些地方稱之為「寡年」。「寡年」的「寡」字是結婚時日的大忌，據《白虎通 · 嫁女》載：「嫁婚必以春何？春者，天地交通，萬物始生，陰陽交接之時也。」意思是說，春天萬物復蘇，充滿生機，也利於男女結合。若當年無立春節氣，人們就認為當年「無春」，故不利於結婚。

忌「喜沖喜」：一部分漢族地區忌一家之中一年內辦兩次婚事，特別是不能一進一出，也就是既嫁女兒又娶媳婦，否則認為是不吉利的。湖南一帶有此俗。

忌「凶沖喜」：漢、傣等民族忌在直系長輩去世的當年結婚辦喜事。俗以為，服喪期間舉行婚禮是對死者的不尊重，將會使家運不順。

從月份來看，舊時民間認為五月、七月、九月是「惡月」，惡鬼多，不宜嫁娶。漢族及一些少數民族認為臘月乃至春節前

迎親

後是神祇上天的時間，民間百無禁忌，這時嫁娶最合時宜。

從日子來看，漢族和許多少數民族中都有忌單日嫁娶、結婚的習俗。喜雙忌單，顯然有「成雙成對」的吉祥之意。

迎親之日是大喜的日子，是男女雙方成就百年之好的第一天，人們希望有吉祥如意的好兆頭，故這一天禁忌也特別多。

迎親、送親的人很有講究。一般送親者多為女方的伯伯、叔叔或者哥哥、弟弟，忌用女性；迎親者多為男方的伯母、嬸嬸或者嫂子，忌無女性。女方送親者不用女性，可能是因為女性心腸軟，看到親人出嫁，會傷心落淚；男方迎親者必用女性，可能是因為女性感情細膩，且同為女性，易於與新娘子溝通情況，給予安慰。迎親和送親忌寡婦、孕婦，一般都要選「全乎人」，也就是兒女雙全、家庭美滿的有福之人。北方地區還有「姑不娶，姨不送，舅媽送，一場病」的說法。迎親、送親的人還有屬相禁忌。民間流行的有關歌謠為：「辰子申忌蛇雞牛，巳酉醜忌虎馬狗，寅午戌忌豬兔羊，亥卯未忌龍鼠猴。」

古代有嫁女之家三日不舉火之禁忌。《禮記》有記載，說是為表示傷離。

新娘上轎前，中原一帶有喝「催轎湯」的習俗。這是新娘子臨行前吃娘家的一頓特殊飯，一般忌吃光，也忌不吃。因「催轎湯」是「財氣」或者「福氣」的象徵，故新娘子喝一半，留一半，意味著娘家、婆家都能過上好生活。

東北一帶民間還有吃「子孫餃子」的習俗。「子孫餃子」實際上與普通餃子在結構和形態上沒有不同，其特殊性在於，它是新娘子離開娘家前包好的，但卻是用食盒帶到婆家煮，然後入洞房時吃的。「子孫餃子」的特殊性還在於其數量有嚴格的規定，具體是：「天一對、地一對，公一對、婆一對，新娘多大年齡多少對。」根據這一公式計算，總和即是此新娘應帶的「子孫餃子」數量。據說吃了「子孫餃子」，將來就會子孫滿堂。忌諱數量有誤，也忌諱在包、帶、煮、吃的過程中出現任何意外。

新娘子上轎時忌諱足踏土地。舊時漢、滿、回等民族均有此習俗。俗以為，這一禁忌是怕新娘子沾走了娘家的土，帶走了娘家福氣。

按漢族的習俗，新娘上轎前要蒙上紅蓋頭。紅蓋頭是一塊六七十釐米見方的紅布，可蒙住新娘的頭面脖肩，使別人不能看清楚新人面目，民間也有叫「蒙頭紅」的。這是一種古老的風俗，可能有遮羞的實用功能，也有趨吉避邪的巫術意義。民間忌諱在新娘子入洞房前掀開紅蓋頭，俗語有「蓋頭一掀，必生禍端」的說法。

中國很多民族都有哭嫁的習俗，即新娘上轎前後要痛哭失聲。哭嫁一般是表達留戀父母的感情，也含有告別少女時代、惜別家鄉親友的心情。既然有此俗，民間自然忌諱新娘子上轎時不哭，若不哭，人們就會說新娘子沒教養，沒人情味，婚後兩口子也不會過好日子等等。

接新人的轎子忌諱來回走相同的路，民間有「東來西走，不走重道」的說法。此一習俗可能是為了避免惡人或者惡鬼在來時的路上陰謀設置障礙，以迎合人們趨吉避凶的心理。

迎新人的轎子忌諱「喜沖喜」，也就是兩家的娶親轎子在路上相遇，俗以為這是不祥之兆。實際上，此習俗是只希望自己這邊「風景獨好」的自私心理在作怪。舊時有兩家的娶親轎子在路上相遇發生衝突的情況，其實大可不必。比較好的化解辦法是兩家互贈禮品，相互祝福。臺灣民間就有「換花」的習俗，也就是萬一兩家的娶親轎子在路上相遇，雙方新娘互換頭上插的簪花，消除敵意，彼此表達美好的祝願。

若有娶親遇辦喪事者，即為「凶沖喜」之忌。本來井水不犯河水，但是一悲一喜，讓人感覺不大舒服。民間常有把「棺材」，解釋為「官」與「財」的，不失為一種較好的自我安慰的方法。

上轎

與上轎時相同，新娘在下轎時也忌接觸到大地，舊時漢、滿、回、壯等很多民族都有此俗。此俗由來已久，據宋代《東京夢華錄・娶婦》載：「新人下車簷，踏青布條或氈席，不得踏地」，可見，最遲在北宋時即有此俗。為避此忌，各地採取的辦法不同，有新郎把新娘抱進新房的，也有在地上鋪麻袋表示「傳宗接代（袋）」的，也有用紅氈鋪地的。

新娘子進門時，最忌踩門檻。漢族向來是很重視門的，認為它是家裡與家外的界線，往往稱未婚的媳婦為「沒過門的媳婦」，未婚的女婿為「沒過門的女婿」，新娘子跨進門，即意味著已經是家庭的新成員了，由此可見門的重要性。民間認為新娘子踩踏門檻是不吉利的，是踩了夫家的威風，甚至還會妨

拜天地

公婆。

「拜天地」是漢族及其他一些民族中典型的婚姻締結的正禮。一般在男家中庭，設置香案，在唱禮官的主持下，新娘和新郎行交拜禮。拜天地的程式有三項，即一拜天地，二拜高堂，三夫妻對拜，然後共入洞房。高堂即是公婆，若比較年輕，是忌諱受拜的，恐經受不起而折福。這時往往叫新郎新娘朝神龕叩拜。古代正婚時不拜祖先，翌日才見舅姑，舅姑為公婆別稱。因古人認為，應先有夫婦關係，而後才有公婆與兒媳的關係。另外，舉行「拜天地」禮時，不潔之人、不幸之人、命相與新人相克之人及幼童等，是忌到場的，否則不吉。

進入洞房之後，新郎和新娘要喝合婚酒，即古俗「合巹」禮。合巹始於周代，後世演化為喝交杯酒，喝完交杯酒，即為正式夫妻。喝交杯酒時，忌喝不乾，忌不同時喝乾。

洞房禁忌

洞房俗稱「新房」，是特意為新婚夫婦準備的寢室。新房忌諱任何閒雜人等踏入，寡婦、孕婦、屬虎的人更忌進入新人的洞房。非新人忌坐新床，忌摸新房內的物品，恐會對新人不利。新房佈置完之後，忌空房，婚床也忌單人獨睡。

民間有入洞房後「搶枕頭」的習俗。俗以為，新郎新娘進入洞房，誰能最先搶到枕頭並坐到被子上，誰將來就會成為這個家庭的當家人。如果誰在「搶先」的過程中落後了，自然也會存有一點兒忌諱，怕日後真的「吃了虧」，會被對方「管住」。

民間還有「鬧洞房」的習俗，俗話說「不打不笑不熱鬧」，洞房最喜熱鬧，最忌冷清。鬧洞房又稱「逗媳婦」「鬧房」「吵房」，是對新婚夫婦的一種祝賀方式，主要流行於漢族地區。鬧洞房一般在婚禮後的晚上進行。屆時，主要由新人的平輩中年齡稍小者來鬧，不具備這一資格的人多圍在一旁看熱鬧。寡婦、孕婦、產婦、嬰兒、戴孝者、屬虎的或生辰八字與新郎新娘相克者忌鬧洞房，並且也不被允許來看熱鬧。鬧洞房時不論誰說什麼離譜的話，新郎新娘都不許惱，忌翻臉生氣。鬧洞房時多出一些令新郎新娘難為情的題目，讓他們應對，且隨時設下陷阱，一不留神，就讓新人難堪。比如東北一帶流行讓新娘誦打油詩：「炕上是紅被，地上是紅櫃。你們都走，我們好睡。」如果新娘真說出來，就會引得大家哄堂大笑。通常開玩笑是有一定限度的，但也有一些人借機戲弄甚至侮辱新娘。由於鬧洞房經常鬧出悲劇來，所以有些地方不興鬧洞房。

洞房

洞房花燭夜點燃的蠟燭忌吹滅，要一夜長明。據說有「左燭盡新郎先亡，右燭盡新娘先亡」的說法，故有些地區有「守花燭」的習俗，即新婚之夜，新郎新娘通宵不睡，看守著洞房

花燭，不讓其熄滅。

舊時「洞房驗貞」的習俗極為普遍，洞房新婚，忌新娘非處女。據《清稗類鈔》載：「（粵人）成婚之夕，喜娘為新郎脫靴，郎授一白巾，備交合後拭穢之用也。如有新紅，即為完璧，可吃燒豬。」又云：「新婦入門，直入洞房，新郎即與新婦登床而寢，室門亦砰然而闔，新郎之父母宗族戚屬皆靜待於門外。少焉，室門辟，新郎手捧朱盤，盤置喜娘所授之白巾，蓋以紅帕，曰喜帕者是也。在門外者見新郎持喜帕而出，則父母戚屬皆大喜，賀客至是始向新郎道賀。其未見喜帕之先，例不道賀，蓋恐新婦不貞，則不以為喜而轉以為辱也。」

「洞房驗貞」的習俗，實際上體現了對於婚外性行為的禁忌。漢族對於婚外性行為（包括婚前性行為）是持否定態度的，對於女子尤其嚴厲。但在我國的一些少數民族中，不但不禁止婚前的性行為，而且還為青年男女設有公房，為這種行為提供便利。據吳存浩《中國婚俗》云：「（黎族）參加『放寮』的男女主要是未婚青年，但是，已婚尚未落夫家的女子亦可參加。這樣的女子『放寮』中發生性行為一般也不受社會輿論的譴責，與別的男子所生子女不但不被夫家刁難和歧視，反而受到歡迎。

至於寡婦參加『放寮』，更是無可非議的事情。但是，『放寮』物件必須和通婚範圍一樣，嚴禁在同血緣氏族內部進行，同血緣的人不能通婚，也不得『放寮』。」

結婚可以使夫妻間的性行為合法化。而有合法的性行為，就意味著有非法的性行為，或者說有需要禁止的性行為，否則也就無所謂合法的性行為了。即便是在這些少數民族中，一旦結了婚，便不能再有婚外的性關係了。有些民族有「不落夫家」的習俗，其婚外性行為禁忌的時限是被延續到長居夫家之前。這也就意味著，長居夫家就是非婚性行為禁忌的開始。

即便是合法的夫婦間性行為，也有很多禁忌。據《房內記・禁忌》記載，「彭祖云：『消息之情，不可不去。又當避大寒大熱，大風大雨，日月蝕，地動雷電，此天忌也；醉飽喜怒，憂悲恐懼，此人忌也；山川、神祇、社稷、並灶之處，此地忌也。既避三忌，犯此忌者，既致疾病，子必短壽。』」可見，行房事要選擇恰當的時間和地點，且雙方的身體處於較佳的狀態方可，也就是要注意天、地、人三個方面的禁忌。後世有關房事養生的說法非常多，基本上沒有超出這三個方面。

行房時間方面的禁忌。據《道機》載：「房中禁忌，日月晦朔，上下弦望，日月蝕，大風惡雨，地動，雷電霹靂，大寒暑，春夏秋冬節變之日，送迎五日之中，不行陰陽（指房事），本命年、月、日，忌禁之尤重（陰陽交錯不可合，損血氣，瀉正納邪，所傷正氣甚矣，戒之）。新沐頭，新行疲倦，大喜怒，皆不可行房室（事）。」

行房地點方面的禁忌。據唐朝孫思邈的《房中補益》云：「禦女之法……避日月星辰火光之下、神廟佛寺之中、井灶圊廁之側、塚墓屍柩之傍，皆悉不可。」

夫妻身體狀態不佳時，同樣忌行房。據孫思邈《房中補益》引《黃帝雜禁忌法》曰：「人有所怒，血氣未定，因以交合，令人發癰疽；又不可忍小便交合，使人淋莖中痛，面失血色；及遠行疲乏來入房，五勞虛損，少子；且婦人月事未絕而與交合，令人成病，得白駁也；水銀不可近陰，令人消縮；鹿、豬二脂不可近陰，令陰痿也。」

身體健康狀態和年齡不同，禁忌也不同。據《素女經》云：「黃帝問素女曰：『道要不欲失精，宜愛液者也，即欲求子，何可得實際寫（瀉）？』素女曰：『人有強弱，年有老壯，各隨其氣力，不欲強快，強快即有所損，故男子年十五，盛者（指身體好的人）可一日再（兩次）施（指行房），瘦者（指身體不好的人）可一日一施；年二十，盛者日再施，羸者可一日一施；年三十，盛者可一日一施，劣者二日一施；年四十，盛者三日一施，虛者四日一施；年五十，盛者可五日一施，虛者可十日一施；年六十，盛者十日一施，虛者二十日一施；年七十，盛者可三十日一施，虛者不寫（瀉）』。」

此外，還忌房事過頻。舊時民間認為精液是很神祕的，以為那裡面含有某種精氣或者元神，有「一滴精水，萬滴血水」的說法，認為精液是比血液更珍貴的東西，因而忌房事過多，俗話有「色是刮骨鋼刀」之說。實際上，和諧的性生活對於身體健康是有益而無害的，故進入洞房的新人對此應該有一個正確的認識。

新婦禁忌

入過洞房之後，新婦就已經是丈夫家庭中事實上的新成員了。然而，自結婚起三年之內，新婦的身份依舊很特殊，仍不同於普通的家庭成員，故有很多禁忌需要遵循。這些禁忌表現在衣食住行等各個方面，而不同的民族又有不同的特點。

就漢族而言，洞房花燭夜之後，第一件大事便是新婦拜見公婆。對於新婦而言，這又是一次重大的考驗。有一首唐詩寫道：「洞房昨夜停紅燭，待曉堂前拜舅姑。妝罷低聲問夫婿，畫眉深淺入時無。」這位新娘子見公婆前，心裡沒有底，故化完妝便徵求丈夫的意見，忐忑不安的心情溢於言表。據《中華全國風俗志》載，舊時廣東一些地區有要求新婦跪茶跪酒的習俗：「（新婦）見舅姑時必膝行，庭中置一方桌，新娘膝行於桌之前方，必叩首數次，膝行至桌之後方，又叩首數次，如是周而復始約數時，新娘多有不勝其苦，而當堂痛哭者。」顯而易見，此習俗的用意不在於培養新娘子的孝行，而是要讓她成為男方家中馴服的一員。

有的地方在新婚第二天新媳婦就需要見公婆，有的地方則是三天之後。若是三天之後才去見公婆，新婦三天之內可以什麼都不做，民間有「新婦三天不下廚」「新娘子三天不幹活」的說法。不用下廚，並不意味著輕鬆，因為新媳婦要遵守很多禁忌習俗。比如吃飯時，一般由夫家的姑、嫂等婦女陪著，忌諱狼吞虎嚥，大吃大嚼。有的地方甚至忌新婦三日內下床，如此則吃飯、上廁所都成問題了。

揭新娘蓋頭

三日後下廚，第一次在新家庭中展示廚藝，對新婦而言又是一個不小的考驗。夫家的規矩或忌諱還不太清楚，所以做完飯菜，先請丈夫或小姑品嘗一下，不失為一個好辦法。

新婚三日後，新娘子與丈夫還要婚後第一次回娘家看望父母，遼寧地區稱此次歸省為「接回門」。新婚夫婦回門帶的禮物，都是成雙成對的，忌單數。娘家不能全收下，待回夫家時，還要再捎回去一部分。婚後第一次回娘家，新人不能在娘家住，必須在天黑前回到婆家。因為民間還有新婚洞房一個月內忌空的說法。俗以為，新婚一個月內洞房空置是不祥之兆。這一習俗之中，可能包含著老年人對於新生命的期待。

洞房內景

新婚一個月內，新婦忌亂走動，忌串門，忌與其他新婚婦女見面。據《清稗類鈔》載：「江甯（今南京市）之新嫁娘，非於一月以後不能入人家，如或誤犯，必責令齋百怪以袚除不祥。齋百怪者，須備香燭、紙馬、牲牢、酒醴以往，且必男著女衣，女著男衣，夫婦雙雙頂禮，齋畢偕歸。」可見，在民間看來，新婦是不潔的。如果新娘子離家串門，不僅夫家忌諱，連她去串門那家也忌諱。若是這段時間內與其他新娘子見面了，就更不吉了。依舊俗，萬一兩個新娘子不得不見面，當以籮罩面。

新婚百日之內，新娘子仍有很多忌諱要注意，特別要注意不能將新婚以來梳妝用的鏡子借給別人用。在民間看來，鏡子是充滿魔力的，具有攝魂的神祕功能，故新婚的鏡子與新人的命運是息息相關的。如果把鏡子借給別人，特別是借給屬虎的或命理與新人相克的人，則可能會給新婚夫妻帶來極壞的影響。如果鏡子被他人打破了，則更凶，可能會成為婚姻破裂的徵兆。

有的地方，四個月之後新婦才可以回娘家，還有的甚至三年之後才允許回娘家。這一禁忌的理由是，出嫁的女兒回娘家可能會導致娘家敗落。不過，一般的風俗是，新婚一個月後，新婦即可自由往來於娘家和婆家之間，而且在娘家住下也可以。但是，在娘家住的天數卻有講究。民間有「住七不住八，住八窮娘家」的說法，大意是住七天尚可，若住八天就會對娘家不利。此外，終其一生，已經出嫁的閨女忌在娘家過春節，俗以為「嫁出去的女兒，潑出去的水」，如果再回到娘家過春節，就會「窮娘家」，也就是讓娘家敗落。

如果新郎和新娘一起回娘家，那麼他們在娘家的住宿也有不同的禁忌。漢、滿等民族忌諱新婚夫婦在娘家同房。

新婦忌「兩頭傳話」，即回娘家後把在婆家遇到的事一一說給娘家人聽，回到婆家後再把娘家的事一一說給婆家人聽。這樣「兩頭傳話」可能會造成兩家的矛盾和家庭內部的矛盾。所以，俗語有「會當媳婦兩頭瞞，不會當媳婦兩頭傳」的說法。

與漢、滿等民族的婚俗相比，有些少數民族的婚俗呈現出完全不同的風貌。如在壯、侗、苗、彝等民族中，有一種「不落夫家」的習俗。所謂「不落夫家」，就是婚後新婦依舊回到娘家住，忌諱新娘子一結婚就住進丈夫家。這種婚姻習俗是母權制的夫從妻居向父權制的妻從夫居的過渡形態，有些地區在解放前還保留著這種風俗：結婚後，新娘子返回娘家居住，每年農忙、節日時去夫家若干次。一般要等到一兩年到七八年後才定居夫家，有的則等到懷孕後定居夫家。

胎教禁忌

胎教是漢族傳統的生育習俗，不僅流行於全國各地，而且對周邊一些國家和地區也有影響。一般認為，此俗早在先秦時期就有了。據漢代賈誼《新書・胎教》云:「周妃後妊成王於身，立而不跛，坐而不差，笑而不喧，獨處不倨，雖怒不罵，胎教之謂也。」意思是說，周成王的母親懷孕時，站立時不以一隻腳而立，坐著時不歪著身體，笑時不忘情放聲，獨處時不伸開腳坐著，即便生氣也不會罵人，這就是所謂的「胎教」。可見，至遲在漢代，人們就相信母親的言行舉止會直接影響胎兒將來的成長，故要求母親在懷孕期間的一切行為必須遵循一定的規範，從而給胎兒以良好的影響。漢代以後的兩千多年裡，儒家、方術家、醫學家等等，都有不少關於胎教的理論闡述，其中不乏有價值者。總體來說，自懷孕之後，孕婦舉止宜端莊嚴謹，性情宜平和，宜處靜室之中，忌聽污穢的語言，忌看醜陋的事物，如此則一定會生出一個聰明的小寶寶。俗以為，孕婦所處的環境能與胎兒相互感應，這就是所謂胎教的基本原理。依《宜麟策》，根據妊娠時間不同，禁忌的事項也有異：

妊娠一月，飲食宜精熟，宜食大麥，忌食腥膻、辛辣食物。忌做重體力活，睡眠時宜安靜，忌受驚嚇。

妊娠二月，忌食辛辣、腥臊食物，起居環境宜安靜，減少體力勞動，精心呵護胎兒，勿使其受驚。

妊娠三月，俗以為此時胎兒尚未定型，可以因外物而變化。故想生男孩者，孕婦可以常把玩弓箭；想生女孩者，孕婦可以常把玩珠玉；想要孩子將來漂亮，可以常視美玉；想要孩子將來賢良，可以端坐清虛，這就是所謂的因外物而內感胎兒。顯而易見，這種思想近於交感巫術，屬於迷信。但孕婦心情好會對胎兒有積極影響，畢竟此時母子一體。

妊娠四月，食宜稻、宜魚，身體宜靜，心志宜和，飲食宜節。

妊娠五月，孕婦穿衣宜厚，宜食稻粱羹、牛羊肉，和以茱萸，調以五味。忌忍饑餓，忌暴食，忌食乾燥，忌自己烤火，忌太勞倦。

妊娠六月，忌安逸，應有適當的鍛煉，可以出遊郊野，食宜鷙鳥猛獸之肉，調五味，食甘美，忌太飽。

妊娠七月，宜進行肢體鍛煉，忌靜止，動作屈伸，以運血氣，居處必燥，飲食避寒，宜食稻粱，忌多言哭，忌洗浴，忌薄衣，忌飲冷。

妊娠八月，宜和心靜息，忌生氣發怒，忌食燥物，忌不吃飯，忌忍大便。

妊娠九月，宜飲醴食甘，宜緩腰帶，忌處濕冷。

妊娠十月，只待時而生，宜服催生藥。

另據《胎前節養篇》所云，下述六個方面，也應注意：

一除惱怒：凡受胎後，切不可打罵人。蓋氣調則胎安，氣逆則胎病，惱怒則否塞不順。肝氣上沖，則嘔吐衄血，肺脾受傷；肝氣下注，則血崩帶下，滑胎小產。欲生好子者，必先養其氣。氣得其養，則生子性情和順，有孝友之心，無乖戾之習。所謂和氣致祥，一門有慶，無不由胎教得之。

二禁房勞：保胎以絕（性）欲為第一要事。試觀貓犬至微，尚知有孕不復交合，何況人為萬物之靈，豈反不如之耶？所以婦人於（月）經過一二日，交感之後，只宜分床獨宿，清心靜養，則臨盆易生易育，得子少病多壽。倘或房（事）勞（頻）不慎，以致陰虛火旺，半（小）產滑胎，可不謹歟！

三戒生冷：胎前喜食生冷，只因懷孕以後，多惱多氣，不慎房（事）勞（累），以致火旺口渴。殊不知生冷等物，豈能退血分之熱？徒使脾胃受傷，瘧疾、痢疾、嘔吐、泄瀉諸病，皆由此起。病則消耗精液，口渴愈甚。唯戒惱怒，慎房勞，服健脾補血之藥，調理本原，可保平復。否則臨產之虛脫，產後之絕證（病），斷不免也。

四慎寒溫：胎前感冒外邪，或染傷寒時證（病），鬱熱不解，往往小產墮胎，攸關性命。要知起居飲食，最宜調和。夏不登樓，宜接地氣；夜不露坐，宜暖背腹。古人有言，不受寒，自不發熱；不傷風，自不咳嗽。此為胎前緊要關頭。

五服藥餌：胎前產後，藥能起死回生。世人鑒（於）誤治（用錯藥）之害，遂言胎產不必服藥，迷亂人意，以致失於調補，株守含忍（指忍病痛不肯服藥），勉強臨盆，諸證蜂起（各種病都來了）。若知接養有方，隨時調治，其所安全母子者，藥餌之功正複不淺也。

六宜靜養：胎前靜養，乃第一妙法。不校（與他人爭辯）是非，則氣不傷矣；不爭得失，則神不勞矣；心無嫉妒，則血自充矣；情無淫蕩，則精自足矣。安閒寧靜，即是胎教。紹宗祧（傳宗接代）之重，承舅姑（公婆）之歡，葉琴瑟（夫妻感情）之和，衍螽斯（多子多孫）之慶，所以古人必先靜養，無子者遵之，即能懷孕；懷孕者遵之，即為易育。靜養所關，豈不大哉？

此外，還有一些禁忌：

忌「失足跌倒」，據《保生輯要》云：「孕婦切忌傾。懷子之初，胎元未固，一遭蹉跌（失足跌倒），多致損墮，至月傷已多，兒神識初生，魄魂怯弱，母身傾跌，心在母腹，如山崩地陷，神驚氣亂，無論胎墮子母不保，即幸而生育，其子必有胎驚夭折之虞，可不慎哉！」

忌「多浴」，據《護生編》云：「凡覺受妊，不可抬手洗頭，不可曲身洗足，不可熱湯多洗下體，易致竅開胎墮。初受胎及臨月，尤宜禁戒，關係不小也。」

忌看「搬傀儡、裝神像、舞猴戲者」，否則，生子即像之。另據《便產須知》云：「孕婦應避宰殺兇殘之事，不見殘廢穢毒之人。」此忌正合古時的胎教理論，但近於交感巫術，實不可信。

民間還盛傳「轉女為男之法」，據《乾坤秘竅》云：「其法於始覺有娠之時，以斧仰置孕婦床下，弗令知之，則生男。」據現在的醫學知識來看，此法很可笑，顯然具有巫術性質。

歸根到底，古時的胎教在本質上是一種巫術活動。然而，其中一部分內容早已經流入中醫典籍中去了，且在今天看來似乎還有一些道理。實際上，這並不矛盾，因為古時候是巫醫不分的。

誕生禁忌

從產婦分娩到新生兒滿月，短短一個月的時間，產婦及家人的心情是複雜的，有期望也有畏懼，有喜悅也有恐慌。正因為這一個月對於母子及其家庭而言，都是極其重要的，故誕生習俗中有種種禁忌也就不足為奇了。這一期間漢族民間的習俗有準備產房、坐草、報生、乞奶、洗三、坐月子、滿月。

孕婦產子，要有一定的地點。據漢代王充《論衡 ‧ 四諱》云：「諱婦人乳子，以為不潔。將舉吉事，入山林，遠行，渡川澤者，皆不與之交通。乳子之家，亦忌惡之，舍丘墓廬道畔，逾月乃入，惡之甚也。」可見，古代漢族有忌諱產婦在原住地分娩的習俗。不過當時各地的習俗並不相同，其中北方地區孕婦生子仍舊在室內。經過幾千年的演變，此風俗已經發生了很大的變化。一般漢族產婦分娩還是在室內，且往往是在產婦原來的臥室，當然也有到醫院裡的。然而一些少數民族依然保持著忌在產婦原住處分娩的習俗，如鄂倫春族、鄂溫克族、赫哲族、藏族、獨龍族、羌族等，他們認為產婦分娩時必須到室外，生下嬰兒洗淨後方可抱回室內。

忌在娘家分娩的習俗，在中國流傳較廣。在山東、江蘇、山西、河南等地，人們認為如果孕婦在娘家生孩子，母子身體都不會好，孩子不會成人，娘家還要一輩子受窮。哈尼族、苗族等許多民族中也有孕婦忌回娘家分娩的習俗。哈尼族婦女一旦懷孕，須立即停止「不落夫家」的生活，改為長期定居夫家。苗族婦女懷孕八個月後，就忌回娘家了，怕因早產而把孩子生在娘家。民間認為分娩「不潔」的觀念是根深蒂固的，既然在娘家分娩都忌諱，在其他人家分娩就更讓人難以接受了。民間有俗語說「寧借人死，不借人生」，意思是說寧可讓別人在自己家裡辦喪事，也不能讓別人在自己家裡生孩子。

即便是在自家分娩，也有「不潔」的忌諱。東北人睡火炕，生孩子忌諱沾炕，必須首先把炕席掀起來，鋪上穀草，另外準備一捆草讓孕婦靠臥其上。把孩子生在穀草上，所以分娩俗稱為「坐草」「落草」。也有的地方忌諱嬰兒生在床上，怕沖了床神，所以讓產婦坐在盆上生產，故分娩又俗稱「臨盆」。

嬰兒誕生三天內，女婿要向岳父家報喜，俗稱「報生」。帶去的禮物即是通俗的符號，生男生女一看便知：通常提一個內裝酒的茶壺，生男者壺嘴朝前，掛兩個用紅繩系著的桂圓，生女者壺嘴朝後，無任何裝飾；也有送紅雞蛋的，單數為生男，雙數為生女；還有送雞的，生男用公雞，生女用母雞。得知安全分娩的消息後，娘家要送各種食物。北方送小米，南方送糯米，上放兩個彩蛋，說是吃娘家的米身體強壯些。

民間還有「乞奶」的習俗，「乞奶」就是讓自家的嬰兒吃別人家的奶。嬰兒哺乳前或者四個月內，凡生男者應向生女之家乞奶，生女之家宜向生男之家乞奶，而對方均應為生後滿四個月以上者，否則即犯「喜沖喜」之忌，另外乞奶忌同姓。據說，經過「乞奶」，家裡就會人丁興旺，嬰兒長大後還會有好姻緣；同時，也寓有奶水源源不斷、嬰兒會好養育之意。

民間有「洗三」的習俗，即嬰兒出生的第三天，要給嬰兒洗澡，又叫「做三朝」「三日」。過去小孩子出生後，眼睛一直閉著，往往要等三天后才睜開。按舊俗，孩子睜眼後應先看父親，再看母親，然後才可以看其他親友。忌不按此順序，否則可能會不孝順父母。三朝時，忌有生人進入房間。洗後，由祖母或者母親抱著嬰兒，用雞蛋酒、油飯拜祖神。賀喜人送雞蛋、紅糖、生薑等，還要念「長命百歲」之類的祝詞。民間認為「洗三」能給嬰兒去「風」，並驅惡避邪。

「坐月子」指婦女生孩子和產後一個月裡調養身體。產房外通常要掛紅布等物，既是向周鄰報喜，也有忌生人進入產房的警示作用。漢族、苗族、鄂倫春族、達斡爾族、滿族、阿昌族等許多民族都有禁止生人進入產房的習俗。如清朝《隰州志》就記載：「初生子，禁生人入室，（門上）插稻，男二，女一。」對於這種禁忌的解釋，有很多說法，主要有二：

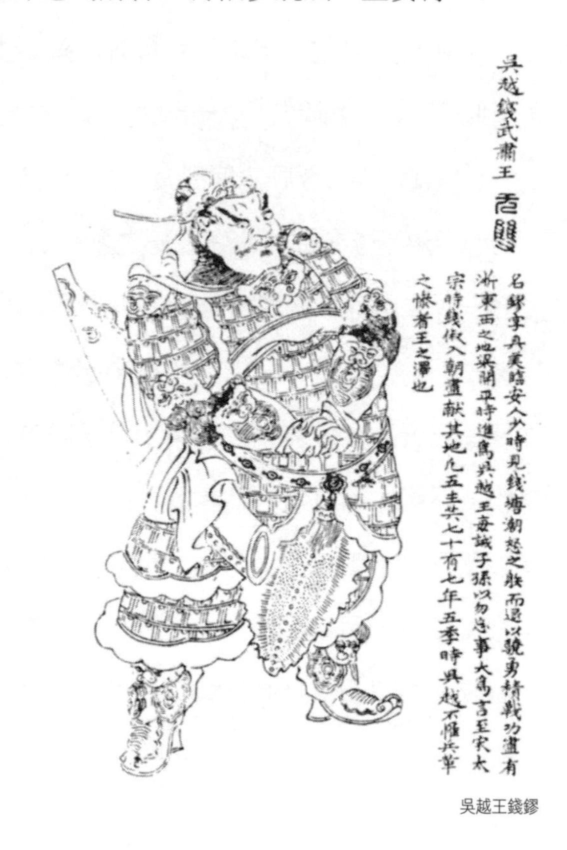

吳越王錢鏐

一說是生人進入產房，可能會踩掉孕婦的奶水。河北一帶又稱此為「蹬嘴頭」，如果有人無意中走進產房，蹬了小孩嘴頭的話，這進屋的人就得同產婦調換腰帶，俗信這樣就把奶水還給了產婦。

一說是怕生人把邪祟帶進產房，對母子產生危害。特別是孕婦、寡婦、屬虎的、新娘子、和尚、道士、戴孝的人，更是忌諱。即便是家裡人，如果屬於這幾種情況之一的，也必被拒之門外，不得入內。

忌生人進入產房的習俗在民間的影響很大，但也有完全持相反態度的。江南地區多視陌生人無意進入產房能給嬰兒帶來好運。據民間傳說：晚唐時，臨安縣（1996 年改設市）有個叫錢二的人，他的妻子一天晚上夢見一條蜈蚣鑽進肚子裡，不久便有了身孕。錢二認為這是蟲精投胎，便讓妻子裝病在床，等到妻子分娩那天，他親自侍候臨盆，想待孩子一落地就將其溺死。隔壁王婆正好到錢家灶下取火，聽到屋裡有嬰兒啼哭，掀起布簾闖入，見錢二正捧著嬰兒往水桶裡放，馬上沖上去把孩子搶過來，這樣孩子的性命就保住了。錢二夫妻索性給孩子取名為「婆留」。錢婆留長大後極有出息，當上了吳越王，因嫌「婆留」之名太俗，便改名錢鏐，同時把王婆當作親生母親一樣供養。鄰居們都說是王婆踩門帶來的好運，故以後誰家生孩子，都希望有一個像王婆一樣的好心人突然踏門而入，給嬰兒帶來好運。

據完顏紹元的《中國風俗之謎》記載，在一些少數民族中也普遍存在相似的現象，如哈薩克族的習俗，家有分娩之喜，就選用第一個來訪者的名字為新生兒命名；侗族的習俗，若生男孩兒，就請一位女客第一個進屋，若生女孩兒，就請一位男客第一個進屋。

剔胎髮

嬰兒滿月之日，稱為「彌月」，要舉辦「滿月酒」，慶賀彌月之喜。親朋紛紛前來賀喜，還帶著各種禮品。按舊俗，滿月之日，要給嬰兒剃胎髮。《東京夢華錄・育子》載：「浴兒畢，落胎髮。」可見，宋時已經有此風俗。俗以為，因胎髮沾染母體的血污及穢氣，所以要在滿月孕婦出產房前剃掉，以免觸犯神靈。剃髮時，先在水中放小石頭三塊或者十二塊、銅錢十二文、蔥一根、紅雞蛋或者鴨蛋十二個。將紅雞蛋在嬰兒的頭上輕輕滾三次，象徵吉祥。然後取出蛋黃與蔥汁混合，在嬰兒的頭上做塗抹的樣子，表示給孩子的頭髮去垢。「蔥」與「聰」同音，俗以為可以使孩子長大後聰明。小石、銅錢，可以讓孩子健壯、發財。顯而易見，這一習俗的背後，有原始巫術的思維在起作用。剃髮時頭頂上要留足一寸多長的頭髮，叫作「孝順髮」。剃掉的頭髮應與石頭包在一起，放在房上，忌亂扔。

吃完了滿月酒，母親就可以和嬰兒一起回娘家小住，有的地方叫「出窩」，也有叫「換尿窩」的，標誌著產婦告別產房，由生產期轉入一般育兒期。

育兒禁忌

滿月後的嬰兒，經歷了出生以來的一系列考驗，對周圍環境的適應能力明顯增強了。但是，嬰兒的生命仍是很脆弱的，需要精心照料，才能發育成長得好。接下來在嬰兒的發育與養護方面，仍存在許多禁忌。

在哺乳嬰兒方面，若母親的身體狀態不佳，則忌諱給嬰兒繼續餵奶。如果請別人代替自己乳嬰，應選身體健康的、有福氣的婦女，忌用有病的人做乳母，以免嬰兒受感染患病。忌把嬰兒喂得太飽，以防積食。

三個月內的嬰兒可以穿件小褂子，但忌諱穿褲子。按迷信的說法，嬰兒不穿褲子腿腳靈便，如夭折可速轉生。也有說法是，過早穿褲子，恐嬰兒易夭折。另外，若是雙胞胎，孩子的穿戴忌不一致，否則別人見了會責怪的。

包裹嬰兒的布及被褥等，忌新喜舊。俗以為，新布會損傷嬰兒，而用老人的舊裙襖來做最佳，可保佑嬰兒長壽。另外，民間還認為，嬰兒用的衣物洗過後，忌在高處晾曬，又忌夜晚不收回室內。

在吃滿月喜酒的同時，往往還要舉行認舅禮、命名禮等儀式。目前漢族的孩子通常有兩個名字，一個是乳名，一個是大名。大名是報戶口時用的，人們會很慎重，有的還要請算命先生給孩子詳細推算，根據命理情況給孩子取一個大名。大名的

慶生

命名原則是五行生克的原理，俗說「缺什麼補什麼」，實際上這話是近於外行的。中國人受儒家中庸思想影響很深，故崇尚一種中和之美，凡事不願意走極端。這種思想在取名時也體現出來了：所謂的「五行」不過是一種符號而已，五行缺什麼不缺什麼並沒有實際意義。依據傳統思想，人生應當追求一種平衡，若把人的各種資訊都用五行符號來表示，那麼這些五行符號也應當表現出一種平衡。如果把人的出生年、月、日、時轉化成五行符號，極少有人能夠做到先天均衡。這樣，人們就會用名字做一下後天補救。補救方法有生有泄，比如金旺，常以水來泄之；金弱，則以土來生之。近年來，民間流行以「五格剖象」法取名，這種方法過去不曾有，實際上是一種新的禁忌習俗。

相對於大名而言，民間對於乳名的重視要相對差一點兒。通常用吉字來取名，如貴兒、來福、祥兒等等。不過舊時在很多地區，人們給孩子取名喜「賤」忌「貴」，認為賤名的孩子好養活，故叫「醜妞兒」「鐵蛋」「臭小」等等的孩子也很多。

嬰兒出生一百日之時，要舉行慶賀儀式，叫「百晬」，又叫「百日」。據《東京夢華錄 · 育子》載：「生子百日，置會，謂之百『晬』」可見，宋朝時已經有此習俗。這一天親戚朋友都要攜帶禮品前來祝賀。明朝以後，又稱為「百歲」。在嬰兒慶「百歲」時，往往用神馬一對，供以素菜十碗，齋王母壽星以期神靈護佑。在男孩兒誕生百日時，父母還要請理髮師為他剃頭，在腦後留一撮毛，俗稱「百歲毛」，認為這樣做可以使他健康長壽。

周歲古稱「周晬」，是小孩出生以來最隆重的日子。在這個特殊的日子，一方面要舉行慶祝活動，另一方面還要舉行「抓周」儀式，預測孩子的前程。早在北齊時顏之推的《顏氏家訓・風操》中就提到：「江南風俗，兒生一期（一周年）為製新衣，盥浴裝飾。男則用弓矢紙筆，女則用刀尺針縷，並加飲食之物及珍寶服玩，置之兒前，觀其發意所取，以驗貪廉愚智，名之為試兒。」另外，《東京夢華錄・育子》中也說：「至來歲生日謂之『周晬』，羅列盤盞於地，盛果木飲食、官誥筆研算稱等，經卷針線、應用之物。觀其先拈者為徵兆，謂之試晬，此小兒之盛禮也。」可見，這一古俗向來被高度重視，人們根據孩子所抓的東西來預測孩子的未來。一般以書主讀書人，筆墨主畫家，印主官，算盤主商人，錢幣主富豪，田地主地主，蔥主聰明，

芹菜主勤勞。雖然孩子選什麼並沒有事先的規定，但若不按照父母的願望去抓，顯然會讓父母心裡不舒服的。

是什麼觀念導致了「抓周」習俗的產生呢？完顏紹元的《中國風俗之謎》認為，這應是原始人因無法解釋和把握強大的自然力量與人類自身命運而產生的一種心理觀念。實際上，現在民間篤信「抓周」的人不多了，更多的人只不過把它當作一種孩子第一個生日的慶祝方式，它同生兒報喜、洗三、滿月、百日禮一樣，核心是對生命延續、順利和興旺的祝福。甚至有人以為，「抓周」不過是一種家庭遊戲，不完全是一種迷信活動。正是因為這個原因，孩子抓什麼，家長漸漸不忌諱了。

飲 食 禁 忌

大多數普通百姓，都在為吃而整日奔波，如果遇有婚喪，排場大的要吃三五日，小的也得吃一兩日。逢年過節，生日慶典，更不必說。中國人對於吃什麼有講究，對於怎麼吃更有說道。人們賦予飲食文化種種內涵，飲食禁忌即是其中最重要的一部分。

使用筷子禁忌

中國人飲食習俗的重要內容之一，便是使用筷子。據說在三千多年前的殷商時期，人們就開始使用筷子了。《韓非子・喻老》中說「昔者紂為象箸」，意思是說殷紂王當時使用的是象牙筷子。那麼，先民們是如何發明筷子的呢？現代人推測，上古時人們先用兩根樹枝助餐，隨著飲食結構的複雜化，才逐步使用筷子。周作人先生曾經做過分析：「上古茹毛飲血，還是吃生肉的時候，用不著文縐縐地使用什麼食具。這一定是知道用火了，烤熟煮熟的東西要分撕開來的時候，需要用什麼東西來做幫助，首先發明手指一般的叉，隨後再進一步才是筷子。」根據上述資料，這種分析是有一定道理的。

從古書記載來看，殷商時代，人們稱這種餐具為「箸」。到了唐朝時，寫作「筯」。後世還有人稱其為「箸」，但南方一些地區以船為主要交通工具，划船的人認為「箸」與「住」同音，有「停滯不前」的意思，頗感犯忌，於是改稱為「快」。音改過來了，又考慮到這種餐具的材料是以竹子為主的，故又加上了「竹字頭」。於是，這種餐具直到今天依然被人們稱為「筷」。

中國人把筷子當作主要的餐具，可能同飲食結構有關：中國人主要吃蔬菜和米飯，西方人則主要吃肉和麵包，這就決定了中國人以筷子為餐具，與西方人的刀叉不同。千百年來，在

筷子

中國形成了一種與筷子相關的重要的飲食習俗。標誌之一就是與用筷相關的禁忌很多。

一忌「三長兩短」

「三長兩短」意思是說，在用餐前或用餐的過程中，將筷子長短不齊地放在桌子上。這種做法是很不吉利的，可以讓人聯想到「死亡」。因為中國人過去認為人死以後是要裝進棺材的，在人裝進去以後，還沒有蓋棺材蓋的時候，棺材的組成部分是前後兩塊短木板，兩旁加底部共三塊長木板，五塊木板合在一起做成的棺材正好是「三長兩短」，所以說這是極為不吉利的事情。

二忌「仙人指路」

這種拿筷子的方法是，用大拇指和中指、無名指、小指捏住筷子，而閑著的食指伸出。夾菜時食指伸出，似乎總在不停地「指」別人。按生活常識，伸出食指去指他人時，大都帶有「指責」的意思。所以說，吃飯用筷子時用手「指」人，無異於「指責」別人，這同罵人沒什麼兩樣，是不允許的。還有一種情況也是這種意思，那就是吃飯時同別人交談並用筷子指人，這種做法也是不能被人接受的。

三忌「品箸留聲」

用餐的時候，把筷子的一端含在嘴裡，用嘴來回吸，並不時地發出「噝噝」聲響。這種行為被視為是一種下賤的做法。因為在吃飯時用嘴嘬筷子本身就是一種無禮的行為，再配以聲音，更令人生厭。所以，一般出現這種做法都會被認為是缺少家教，同樣不允許。

四忌「擊盤敲碗」

用餐時用筷子敲擊盤碗，也是使用筷子的大忌。這種行為被看作是乞丐要飯，因為過去只有要飯的才用筷子擊打要飯盆，其發出的聲響配上嘴裡的哀求，使行人注意並給予施捨。這種做法被他人所不齒，是餐桌上的大忌。

五忌「迷箸巡城」

這種使用筷子的方法是，手裡拿著筷子來回在菜盤裡尋找，做旁若無人狀，不知道在哪裡下筷為好。此種行為是典型的缺乏修養的表現，很令人反感，是用筷的大忌，應當在用餐時避免。

六忌「李代桃僵」

筷子是餐具，用來夾飯菜。但是有的人會在用餐時或者飯後，用筷子代替牙籤剔牙。這樣做不衛生，也是對他人的不尊重，應當注意避免。

七忌「單箸刨墳」

這是指手裡拿著一根筷子在菜盤裡不住地扒拉，以求尋找「獵物」，就像盜墓刨墳的一般。民間認為，只有鬼才用單根筷子吃飯，因此用單根筷子找菜的做法是用餐的大忌。

八忌「一石二鳥」

剛吃了一道菜接著又吃另一道菜，中間不停頓，不配飯，這樣的用餐習慣一般不為人們所接受。正常的品菜方式是，品嘗了一道菜之後，應當有一個停頓。

九忌「箸淚遺珠」

這是指用筷子夾菜時，將菜湯流到其他菜裡或桌子上，也指用粘著飯菜的筷子去夾菜。這種做法不衛生，被視為嚴重失禮，應該盡可能避免。

十忌「乾坤顛倒」

中國傳統的筷子，一頭方形，一頭圓形，與「天圓地方」的宇宙觀是一致的。用餐時將筷子顛倒使用，就等於是「顛倒乾坤」，這種做法是非常被人看不起的。正所謂飢不擇食，以至於上下不分了。將筷子用倒，這是絕對不可以的。

十一忌「獨木難支」

在用餐時用一根筷子插盤子裡的菜品，這被認為是對同桌其他用餐者的一種羞辱。在吃飯時做出這種舉動，也是不行的。

十二忌「當眾上香」

有時個別人出於好心幫別人盛飯時，為了方便省事，把一雙筷子插在飯中遞給對方。這樣做會被人視為大不敬，因為依傳統，為死人上香時才這樣做，如果把一雙筷子插入飯中，視同於給死人上香，所以把筷子插在碗裡是絕不被接受的。

十三忌「交叉十字」

用餐時將筷子隨便交叉放在桌上，這一點往往不被人們所注意。實際上這種做法是犯禁忌的。因為一般認為在飯桌上打叉子，是對同桌其他人的全部否定，就如同學生寫錯作業，被老師在本上打叉子的性質一樣。除此之外，這種做法也是對自己的不尊敬，因為過去吃官司畫供時才打叉子，這也就無疑是在否定自己。

十四忌「落地驚魂」

失手將筷子掉落在地上，這是嚴重失禮的一種表現，俗以為不吉利。還有的地區，如果吃飯時掉了筷子，要用掉下的筷子在地上畫個「十」字做破法，然後再使用。

十五忌「翻山越嶺」

與他人共同進餐時，應當盡可能避免與他人同時交叉夾菜。如果別人夾菜時，跨過對方去夾另一道菜，則被視為不禮貌，是大忌。

十六忌「箸執一端」

拿筷子的位置一般要適中，忌諱拿得過高或過低。俗以為根據手執筷子的部位，可以預見小孩子日後結婚對象離家是遠還是近：手拿筷子過高的，結婚對象一定離家遠；手拿筷子過低的，結婚對象一定離家近。這樣，擔心孩子將來遠離父母，或者不願孩子沒出息地守在父母身邊的，就必定有所忌諱了。

筷子禁忌結語

使用筷子的禁忌多是關乎衛生、謙讓、禮貌的，這說明中國人重視飲食的莊重性和嚴肅性。我們做客、待客時應當避免，家庭用餐時也要注意，因為文明的生活習慣，常常表現在細節上。

敬神飲食禁忌

人類有聲、色、衣、食、安、逸、性等諸多欲望，推己及神，古人當然相信各種神靈也有這些欲望。人們既然對神靈有所祈求，希望得到神靈的保佑，理所當然地要有所表示。於是，凡是人類之欲，就都成了祭神的手段。據《禮記・少儀》載：「未嘗不食新。」孔穎達疏：「嘗謂薦新物於寢廟也。未嘗則人不忍前食新也。」可見，古時人們在獲得豐收或捕獵到食物後，常常先祭祀天帝與祖先神靈，感謝神靈的保佑，然後才能自己食用。而按照佤族習俗，不舉行迎穀神、棉神、小米神和瓜神的儀式，就忌吃食任何新熟的糧食和瓜果；景頗族則認為穀子是有靈魂的，打谷時穀魂被嚇跑了，必須舉行「叫穀魂」的宗教儀式把穀魂再叫回來，這樣穀子才能吃。

一般說來，凡是人們自己食用的肉類、水果、酒、油等，都會祭祀給祖靈；而那些人們自己不食用的，則多數忌祭祀給祖靈。在祭祀的供品中，馬、牛、羊、雞、狗、豬最為重要，也就是所謂的「六畜」。

「六畜」中最常用的是牛、羊、豬三牲。馬很少用，可能是為了役使。春秋戰國以前，耕地不用牛，所以牛用得很多，就形成了傳統制度。後世耕地用牛了，但仍然使用牛進行祭祀。不過，漢族有些地區，禁食牛肉、狗肉，以為牠們可以耕田、看門，是有助於人的，所以不忍心食之。既然人都不吃，神也當然不愛吃，因此就不能做供品了，否則將會構成不敬之罪。

六畜興旺

不過，在祭祀祖靈時忌用狗，在避惡驅邪的祭祀中卻常用狗，因為民間認為狗血有「驅邪」的功效。

作為供品，雞也是非常少用的。因為祭神的重要目的是祈福，而「雞」與「飢」同音，所以人們不願意用雞來祭祀祖靈。但是在非常之祭中，如禳解災殃、避惡驅邪時，雞常是必需品，這時人們又取「雞」與「吉」的諧音了。

「魚」不在「六畜」之列，但在南方產魚地區牠卻是重要的祭品。南方沿海一帶，祭祀祖靈忌把魚打鱗去鰓，剪頭去尾。民間以為這樣就不是「全魚」了，恐祖靈怪罪祭祀者不是「全心全意」。祭祖之物以「帶皮」「帶鱗」為尚，即牛、羊、豬等一律要「帶皮」的，用魚祭祀時，一律要「帶鱗」的。

另外，民間祭祖、祭神時還講究祭品的毛色，當然這主要指「六畜」一類，一般要求是毛色純一的方可，忌用毛色不純的，否則無法表達敬神的誠心。

菜蔬類祭品也有禁忌。漢族祭祀、吃齋時忌吃蔥，俗謂「吃蒜不吃蔥，吃蔥假齋公」。南方有些地區稱茄子為「吊死鬼」，稱上吊死者為「生茄子病死的」。所以這些地方忌用茄子祭祀，唯恐惹惱了祖靈，不吉利。因「豆」與「鬥」諧音，所以江蘇一些地區忌用豆類食品祭神，怕得罪了神仙，招致後世子孫的爭鬥。不過用豆子做成的豆腐食品卻是例外，常常被人們用來祭祀。因豆腐的「腐」與「富」「福」諧音，是吉祥如意的徵兆，所以得到民間的青睞。

至於祭神後食品的處理方式則非常多，較常見的是供祭結束之後，由參加祭祀的人分食。民間認為，先祖、天神獲得供品的香氣即意味著神已經用過祭品了，人吃神「享用」過的供品，就是分得了神的賜福。現今東北一些地區民間還流行著這樣的風俗，即清明或者其他傳統節日祭祖後，由祭祀人吃掉供祭的食品，認為這樣就可以得到祖先的賜福了。不過時代不同，各地、各民族風俗不同，禁忌也不同：河南一帶祭灶神的糖果，

祭祖

忌幼女吃食，否則不吉；古時漢族祭祀也有把供品燒化、埋土、沉水的；而現在佤族卜卦「做鬼」的雞肉、雞蛋，主人忌食，亦禁買賣，全要由魔巴食用；哈尼族凡為祭奠死者所用的牛肉，本家族或氏族的成員都禁食，只能按親疏之序分給外姓親友吃。

當然，不同民族有不同的風俗，遊牧、農耕、狩獵、捕魚等生產活動常常與宗教、祭祀活動結合在一起，形成一些獨特的敬神飲食習俗。

臺灣高山族在出獵、喪葬時，有忌食魚的風俗。相應地，祭祀時他們也忌以魚供祭，這是飲食禁忌在敬神儀式中的體現，是重視神聖事物的特殊表示。

而伊斯蘭教的「齋月」期間，維吾爾族、回族、哈薩克族、烏孜別克族、塔吉克族、塔塔爾族、柯爾克孜族、撒拉族、東鄉族、保安族等十幾個民族的成年穆斯林們，都要進行齋戒。整個齋月期間，每天太陽出來之前吃好封齋飯，從日出到日落，忌食用任何東西，平時抽煙的人這段時間也需要戒煙。老弱病幼者可不守齋，但也要儘量節制飲食。期滿二十九天，觀看新月初顯，如看到即行開齋，次日為開齋節（新疆地區又名「肉孜節」）。如果不見新月，則需要繼續齋戒一天，開齋節順延。

這種齋月期間的飲食禁忌，據說是為了表示篤信真主安拉，表示宗教信仰的虔誠。

鄂溫克族打到鹿、駝鹿、驢子，當日不能吃其舌，也不能切斷其食道。宰殺時忌切斷或弄破野獸的陰物，否則神會不高興。內臟忌食，只吃肉。吃肉時要舉行祭火、祭神的儀式，喝酒時也必須先祭神和「白納查」（山神爺）。

滿族祭天時，還有吃「小肉飯」的習俗。當祭天結束的時候，由本族中的老年婦女分小肉給眾人吃。做好一鍋肉絲粥，無論什麼人趕上都吃，吃小肉時屋內屋外的人不許亂竄，吃完也不用道謝。僅此一鍋，不許再做。以吃淨或不夠吃為大喜，最吉利，忌諱吃不完。

藏族、佤族等民族喝酒時要用小拇指從杯裡蘸一點兒，灑向空中或地上，表示敬獻神靈，然後才能自飲。

這些與祭神活動和敬神儀禮相關的飲食活動，以表達酬謝神靈、敬奉神明的心意為主旨，至於參祭者吃到什麼或者沒有吃到什麼並不重要。重要的是一定要尊重各民族的信仰與習俗。

會客飲食禁忌

中國人非常看重人際關係的和諧，特別重視人與人的資訊溝通與感情交流。走親訪友、款待親朋是民間生活的重要組成部分，親朋好友見面總免不了要共同進餐。在一個有著悠久飲食文化的大國裡，會客飲食自然少不了各種各樣的禁忌。在各民族間平等交往日趨頻繁的背景下，瞭解不同民族的飲食習俗是非常必要的，否則就很可能會鬧出笑話或者產生誤會。

漢族的會客飲食禁忌，至少可以向上追溯到周代。據《禮記・曲禮》載：「（與人共食時）毋摶飯，毋放飯，毋流歠，毋吒食，毋齧骨，毋反魚肉，毋投與狗骨，毋固獲，毋揚飯，飯黍毋以箸，毋嚃羹，毋絮羹，毋刺齒，毋歠醢。」從這一類禁忌的目的來看，一般說來都是講究衛生、講究節約、講究禮儀的。流傳至今，無論做客還是做東，漢族人都有很多規矩，稍不留神，就可能犯忌。

一忌「坐席移樽」

此忌意思是說，做客者須小心謹慎。《風俗通義》說：「坐不移樽。俗說凡宴飲者移轉樽灑，令人訟諍。」這就是說，在漢族人家中赴宴，言談舉止，節奏放慢，不可匆忙急躁。如果在席間手忙腳亂，移轉酒杯，將酒灑出來，便是犯忌了。

趙佶的《文會圖》（部分）

二忌「客人翻魚」

此忌意思是說，做客者不宜太主動。客人吃魚時忌主動把魚翻轉過來，此即謂「客不翻魚」；此外相似的禁忌還有忌主動要求添菜添飯，忌把菜盤吃空吃光，忌站起身來去夾遠處的菜，忌談論飯菜不好。

三忌「寬衣解帶」

此忌意思是說，做客者應留有餘地。在漢族人家做客，飯菜忌食得太飽。如果旁若無人，吃得很多，席間脫去外衣，甚至鬆腰帶，就會丟臉。

四忌「尊卑無序」

此忌意思是說，做客者席間應尊敬長者。漢族人很看重倫理，儒家講究「君君，臣臣，父父，子子」，換言之，傳統倫理的核心就是「上下有序，尊卑有等。」席間排座次、誰先舉筷、勸酒等等，或應按年紀，或應按貴賤，總之要體現出對長輩的尊重，最忌目無尊長。

五忌「不辭而別」

此忌意思是說，做客者不應不告別就私自離席。根據《史記》記載，劉邦去赴項羽的「鴻門宴」，為防意外，藉口小解不辭而別。實際上，這是犯了做客飲食禁忌的。在正常的宴席上，做客者如果為避勸酒，借小解逃席，是非常失禮的。

六忌「勸酒逼東」

此忌意思是說，做客者不能逼主人喝酒。一般情況下，都是主人勸客人多飲酒。客人可以向主人敬酒，但不能向主人勸酒。「敬酒」與「勸酒」的分寸是不同的，如果客人勸主人多飲酒，甚至是「逼」著主人多飲酒，就犯忌了，俗語說「酒不逼東」即是此意。

七忌「吃飯伸腰」

此忌意思是說，宴席上應當舉止得體。無論主客，都應當注意宴席上舉止的分寸。酒席上的氣氛可以是輕鬆的、歡快的，甚至是熱烈的，但是卻不是有什麼動作都可以的。民間俗語有「吃飯伸腰，天打勿饒」，意謂忌吃飯伸懶腰。類似不得體的動作還有把腳蹬在椅欄上，俗謂如此則食必噎。此外還有忌吃飯脫鞋、摸腳趾。

八忌「虎口向人」

此忌意思是說，宴客時忌茶壺、酒壺壺口向人。「壺口」

與「虎口」諧音，民間認為，給客人倒水、倒酒時，壺口不宜朝向客人，否則，以為會有「口舌」。而《禮記・少儀》記載：「尊壺者面其鼻。鼻者，柄也。口柄前後相對；柄之所向，主施惠，為尊；口之所內，主受惠，為卑，不以口向人，實為敬客之意也。」顯然，還是《禮記》上所說的「敬客」之意更合理。

地方禁忌

在漢族的會客飲食習俗中，除了上述較普遍的禁忌外，還有一些地方性的禁忌，如，山東一帶，待客的第一頓飯忌諱吃水餃，因為水餃是送行的食品，俗稱「滾蛋包」；河南一帶待客忌三盤菜、八盤菜，說是「三個盤子待鱉，八個盤子待王八。」

少數民族禁忌

漢族之外的各少數民族，由於所處地區的自然條件和社會經濟條件不同，在長期的生產和生活中，逐漸形成了具有各自民族特色的會客飲食禁忌：

伊 斯 蘭

與信奉伊斯蘭教的朋友共同進餐，要尊重其宗教信仰，飲食時忌提及豬肉。

與滿族朋友一起吃飯，忌諱吃狗肉。甚至去滿族家庭做客，連戴狗皮帽子都犯忌。如戴著狗皮帽子，必須在進門前脫下夾在腋下。

蒙古族

蒙古族人好茶與好客同樣出名。如果有客人來，他們一定會奉上蒙古奶茶來待客，客人也必須喝下，否則就犯忌了。

哈薩克族

哈薩克人進餐時忌諱無冠，如果事急來不及戴帽子或者忘記戴帽子，也必須找一根草莖插在頭上，才敢就食，否則以為不敬。

烏孜別克族

烏孜別克族有分席用餐的習俗：用餐時，年長者上座，年幼者下座，婦女與孩子一席。與哈薩克族相近，烏孜別克族用餐時嚴禁脫帽。

彝寨族

到彝寨做客，忌不飲酒。彝家山寨的主人以好客聞名，如果有客人來，他們一定會端上酒來敬客。一般勸酒的話是：「地上沒有走不通的路，江河沒有流不盡的水，彝家沒有喝錯了的酒，喝吧，盡情地喝！」不管客人會不會喝酒，在主人的盛情之下，是必須接飲的，哪怕只不過是用嘴抿一下表示領情，主人也會高興。如果客人不飲，主人會極不高興的。

景頗族

到景頗族家中做客，就有機會嘗試用山裡採來的闊葉當碗碟。但是千萬別把闊葉倒著用，否則就會被誤認為是「仇敵」，侵犯景頗人的飲食禁忌。

鄂溫克族

與鄂溫克族朋友一起吃飯，最忌穿一隻鞋。其習俗認為，穿一隻鞋吃飯，兒媳婦就會變成小偷。

維吾爾族

在維吾爾族家中做客，吃飯時忌隨便撥弄盤中食物，忌隨便走到鍋灶前面去。如果要吃抓飯，食用前要洗手。通常是先洗三下，然後用毛巾擦乾。如果不把手擦乾，隨便亂甩手上的水，則犯了本族的禁忌，因為當地人以為這樣是對主人的不尊敬。共用盤子吃飯時，忌將自己抓起的飯粒再放進盤中。吃飯時，忌諱讓飯粒掉落在地上，如不慎掉落地上，要撿起放在自己近前的「飯布」上。吃飯時更忌諱擤鼻涕、吐痰、放屁，否則會被認為是失禮。

會客飲食禁忌結語

中國地域廣闊，各地飲食習俗相差很大。無論做客還是做東，都應盡可能做到賓主互相尊重，只有這樣才能建立起融洽的關係。因此瞭解對方的飲食習俗至關重要，否則犯了對方的忌諱很可能會造成誤會。

日常飲食禁忌

孫思邈的《攝養枕中方》說：「夫萬病橫生，年命橫夭，多由飲食之患。飲食之患過於聲色。聲色可絕之逾年，飲食不可廢於一日，為益既廣，為患亦深。且滋味百品，或氣勢相伐，觸其禁忌，更成沉毒。緩者積年而成病，急者災患而卒至也。」可見至遲在唐朝時，人們就認識到正確的飲食對於健康的重要。古代的養生家對各個季節的飲食禁忌做了總結：「春宜食辛，夏宜食酸，秋宜食苦，冬宜食鹹，此皆助五臟，益血氣，辟諸病，食酸甜苦，即不得過分。春不食肝，夏不食心，秋不食肺，冬不食腎，四季不食脾，如能不食此五臟，尤順天理。」這類養生飲食禁忌在民間有廣泛的影響，雖然暗中附會了「五行」學說，但也不能說全無價值。與敬神、會客飲食的目的不同，日常飲食習俗主要是從生理需要出發，是為了恢復體力而形成的習慣與風俗。雖然在民間看來，敬神、會客飲食要比日常飲食重要，但實際上日常飲食才是基礎，其他的飲食習俗都是在此基礎上的延伸。

一忌「席若流水」

此忌的意思是說，全家人團聚時，應當共同進餐。民間有逢年過節或在老年人過生日等特別的日子全家聚餐的習俗。在這種場合下，忌有人臨時不在或者分開來吃「流水席」，老年人會認為這是家裡人要分散的不祥徵兆。

席間多禁忌

二忌「食不避席」

此忌的意思是說，他人吃飯時應避開。大多數人習慣於在自己家中吃飯，他們進食時總喜歡躲開家庭成員以外的人。小孩子若吃飯時依舊在別人家中玩耍，會遭到父母訓斥的。過去在農村，人們有端著飯碗上街吃的習慣，但大家只有吃極為普通的家常飯時，才會這樣做。一旦改善生活，吃別樣飯或者來了客人時，就要在家裡吃了。而錫伯族人吃飯時，忌邊走邊吃，又忌端著飯碗在外面吃。一般來說，民間認為看人家吃飯也是不禮貌的，因此開飯的時候忌串門。

三忌「未吃新禾」

此忌的意思是說，每年新禾入倉時，應與家人共同嘗新。舊時民間是非常看重吃新禾的，如果當時有人離家未歸，民間忌諱提及此事。如有人提及，則全家人都會戚然不安，認為這是全家離散的不祥之兆。

四忌「背道而食」

此忌的意思是說，吃飯時不能站別人的背後。土家族人忌吃飯時端著碗站在別人的背後。他們以為，在別人的背後吃飯是在「吃別人的背」，別人會因此而「背時（食）」的。

五忌「男女同席」

此忌的意思是說，吃飯時男女不應當同桌。舊時婦女的社會地位很低，民間有男尊女卑的陳腐觀念。因此日常飲食中忌男女同席，尤其兒媳婦不能與公公同桌。近年來此習俗有了很大的改觀，但是在民間仍舊有殘餘。

六忌「平托碗底」

此忌的意思是說，拿碗應當用正確的姿勢。拿碗的手勢一般是五指自然捧著飯碗，忌諱用手掌平托碗底，民間認為只有乞丐要飯時才會有這樣的姿勢。另外，民間還忌用手攥著碗邊，認為這也是「丐幫」之相。

七忌「翻天覆地」

此禁忌的意思是說，吃飯時不能把碗倒扣於桌子上。有人在吃完飯後，把碗倒扣於桌子上，表示不再吃飯了。民間認為，這樣做違反了日常飲食的禁忌。因為生病的人服湯藥後才將碗倒扣於桌上，表示不再生病服藥。而吃完飯也這樣做，自然讓人聯想生病吃藥，恐懼會生病將不能進食，因此不吉利。而河北一帶忌吃飯時把碗扣在桌上，據說扣碗會得噎食病。如果有人把酒杯、茶杯倒扣於桌子上，也同樣犯了此忌。

八忌「臨席之語」

此禁忌的意思是說，吃飯的時候不能說話。有很多地方忌吃飯時說話，民間有「食不語」「吃飯不拉呱，酒醉不騎馬」的俗諺。蒙古人稱熟魚肉為「啞口菜」，忌吃魚的時候說話，因魚體內有刺，易刺傷喉嚨，所以忌吃魚時說話。民間對於吃飯時說話的禁忌，除了明顯的衛生、保健功能之外，還有防止說出不吉語的作用。民間認為，吃飯時提到「傷、亡、病、災、禍」等凶事都是不吉利的。

九忌「食不專心」

此禁忌的意思是說，吃飯的時候不能同時做其他事情。吃飯是一樁嚴肅而且神聖的事情，古代飲食常與祭神活動結合在一起，甚至直到現代，某些宗教信徒仍在就餐前默誦經文或做祈禱。民間忌吃飯時心不在焉、吃飯時看鏡子、邊吃飯邊幹活、邊吃飯邊玩耍，以為這是對家神的不敬。漢族人吃飯時雖無明顯的祈神行為，但也把吃飯看作一天乃至一生中的大事，俗語有「吃飯不要鬧，吃飽不要跑」。

十忌「言蒜醋梨」

此禁忌的意思是說，餐桌上不能提「蒜、醋、梨」等字眼。蒜本來是一種常見的蔬菜，只是由於「蒜」與「散」音近，山東地區就忌諱在全家人吃飯時提「蒜」，怕因此而家人離散。」醋」也是常見的調味品，但是一些地區卻忌諱在聚餐時提起，認為說「醋」可能會有不貞事發生或者令人生妒忌。「梨」也是聚餐時忌提的，而且更不能和他人共分一個梨吃，因為「分梨」與「分離」是同音，民間擔心這樣會造成家人分離。

十一忌「捧飯來食」

此忌的意思是說，吃飯的時候不能說「捧飯」。民間認為，吃飯時說「捧飯」不祥，因為只有在人死後做七祭時，祭靈、請亡靈吃飯時才說「捧飯」。日常生活中說「捧飯來吃」或「來捧飯吃」，則會聯想到祭亡靈。

十二忌「暴食狂飲」

此忌的意思是說，飯不宜多吃，飲料不宜暴飲。民間有許多勸少食的俗諺，如「少吃多滋味，多吃壞肚皮」「爽口食多偏坐病，快心事過恐生殃」。特別忌諱晚飯多吃，俗語有「少吃一口，安穩一宿；少吃一碗，安穩一天」「少吃一口，活到九十九；多吃一勺，半夜睡不著」「飢不暴食，渴不狂飲」

十三忌「碗底不光」

此忌的意思是說，吃飯時碗裡的飯要吃光。民間有俗語說「小孩剩碗底，長大娶麻妻」「吃不光，好生瘡」。家長從小就要求孩子吃多少盛多少，要學會掌握自己的飯量。如果孩子吃飯剩了一點，大人就說碗裡最後剩的一點飯是「福根」，不能被別人吃了，否則不利；如果孩子的碗裡還有吃不光的飯粒，大人就會說他（她）長大後會娶麻妻或找麻子丈夫。

十四忌「作踐穀物」

此忌的意思是說，吃飯時應當珍愛糧食。民間俗語有「作踐穀物，必遭雷擊」，反映了民間敬穀神、惜穀物的心理。因此，很多民族都有忌諱「掉飯粒」「撒米」和「剩碗根」的習俗。如果不慎掉落，要拾起放在自己近前的「飯布」上；若腳踩到飯，將會遭雷劈。

十五忌「手抓食物」

此忌的意思是說，不能直接用手接觸食物。據《禮記・曲禮上》記載，「共飯不澤手」，意思是說與他人一起吃飯，不能用手抓取食物，這是古時候漢民族的飲食禁忌。

十六忌「水米無交」

此忌的意思是說，吃飯時宜多飲水。漢族民間忌吃飯時不飲水，認為這樣對健康不利，會生病，俗語有「飯後一口湯，不用配藥方」。

十七忌「不知進退」

此忌的意思是說，飯後應當有適當的活動。俗語有「飯後百步走，活到九十九」，民間認為吃過飯後，最好是出去走走，活動活動。俗忌飯後躺臥不動，即所謂「飯後不動，定要生病」。另外，民間還有「飯飽不洗澡，酒醉不剃腦」「肚飽不剃頭」的說法。

十八忌「翻江倒海」

此忌的意思是說，吃飯時忌將盛食品的容器打翻，使食物撒出來。白族人吃飯時忌把香油瓶弄倒，如倒了香油瓶，俗以為是鬧鬼，要死人；鄂溫克族忌將乳製品灑在地上，如灑了就等於灑掉了自己的福氣，應以所灑之物塗在額前少許，以保福氣不失。

日常飲食禁忌結語

這些日常飲食禁忌在民間長期流傳，一家人聚在一起吃飯時，大人們便會向兒女們傳播這些禁忌並督促他們履行。儘管這些禁忌有的可能表面被迷信化了，但一般來說都出於衛生、節約、禮儀方面的考慮，因此還是有正面意義的。

孕婦飲食禁忌

對於古時的人們來說，從懷孕到生子不是一個簡單的過程。因為過去醫療條件不好，孕期和生產的過程中有很多不確定的因素，所以人們非常關注孕婦生活的每一個細節。民間認為孕產能否順利往往與孕婦的飲食有關，因此孕婦在飲食上有很多禁忌。

很多產品具有活血軟堅的作用，早期妊娠婦女食用後可能會造成出血。從醫學角度看，這些食品可能會引起墮胎，故孕婦忌食。然而對於這些食品忌食的理由，民間的解釋卻五花八門，饒有風趣：

螃蟹味道鮮美，但其性寒涼，有明顯的墮胎作用，故很多地區孕婦都忌食螃蟹。江浙、臺灣一帶認為，孕婦吃了螃蟹，會使胎兒橫生難產，據說早在宋代即有「食螃蟹，令子橫生」的記載。

鱉，即甲魚，對普通人而言，它是一道營養豐富的菜肴。然而此魚性寒味鹹，具有較強的通血絡、散淤塊的作用，因而可能造成墮胎。據古俗，孕婦忌食鱉肉。民間由老鱉常將頭縮進龜殼中，聯想到孕婦若食鱉肉，可能會造成孩子脖子短。

海帶性寒味鹹，具有軟堅散結之功效，也有可能造成墮胎。民間認為，孕婦應當忌食生冷，否則會影響胎兒的生長。顯而易見，海帶應在生冷之列。

此外，孕婦還忌食蝦米、鱔魚，俗以為吃了這兩種食物，孩子生下來可能會是啞巴；忌食鯉魚，否則孩子生下來可能會生瘡，也有認為孕婦吃魚會使嬰兒皮膚上生魚鱗。

野生動物肉，營養豐富，味道鮮美，然而其中有不少都被劃入孕婦忌食之列。據《飲膳正要》記載，孕婦應忌食兔肉。這一禁忌，在民間流行廣泛，影響久遠。早在漢代的《論衡·命義》就寫道：「妊婦食兔，子生缺唇。」可見至遲在東漢時即已經有這一禁忌了。民間認為，孕婦吃了兔子肉，胎兒會像兔子一樣長一張「三瓣兒嘴」（唇裂）。食兔肉和小兒缺唇之間顯然沒有必然的聯繫，這一禁忌很明顯基於交感巫術的迷信思想。熊伯龍先生在《無何集》中曾發問道：「世間缺唇之母，皆食兔乎？」無疑，熊先生的質問是有道理的。

狗肉也是一些地區的孕婦忌食食品。黑龍江一些地區孕婦忌食狗肉，俗認為如果犯忌，將來生下的孩子愛咬人，吃奶時愛咬乳頭；河南也有孕婦禁食狗肉的習俗，特別是不能吃黑狗肉，據說孕婦吃了黑狗肉會流產；舊時漢族未生育的婦女也忌食狗肉，以為狗肉不潔，食之日後有孕時會導致難產；此外，民間也有說吃狗肉會令孩子不能說話的。

與忌食兔肉、狗肉一樣，同屬於迷信思想的還有忌食驢肉、馬肉、羊肉。據說，藥王孫思邈曾經在其著述中提到過「食驢馬肉，令子延月」的說法，可見這一習俗在民間流傳久遠。俗以為孕婦如果吃了驢肉、馬肉，就會使孕期延長超過十個月而到十二個月，就如驢、馬的懷胎期一樣，這種情形當然是人們所不願意看到的。此外，民間還認為孕婦食羊肝生子多難，食山羊肉生子多病。雖然這些飲食禁忌影響廣泛，但是並沒有什麼科學道理。

還有一些孕婦飲食禁忌，可能與特定民族的原始宗教信仰有關。如鄂倫春族孕婦忌吃熊肉、獐子肉，如果犯忌則可能會流產；鄂溫克族孕婦忌吃獾子肉；臺灣泰雅人孕婦禁食動物血和內臟，否則以為會流產；佘族孕婦忌吃田螺和牛肉。

人們所熟知的禽蛋類，營養價值之高舉世公認，然而民間依然有主張孕婦忌食的。據說如果孕婦吃雞肉，將來生小孩就會多生白蟲；孕婦吃鴨肉，生產時孩子倒出；孕婦吃雀肉和豆醬，生的小孩就會滿面多雀斑、黑子；孕婦吃雀肉和酒，生子會心淫情亂，不畏羞恥；雞因缺鈣而下的「軟蛋」，或殺雞時從雞肚中取出的未成形的小雞蛋等，都屬於異常雞蛋，民間認為如果孕婦吃了這類異常雞蛋，可能會導致流產。

果蔬類也有被民間認為孕婦應忌食的。據《飲膳正要》記載，孕婦應忌食桑葚，否則會令子倒出；忌食豆醬和茴香，否則會導致墮胎；忌食梅、李子，否則會令子眼睛失明；孕婦應忌食梨，因其寒；孕婦應忌吃辣椒，否則將來生下孩子爛眼圈、害紅眼、長眼瘡；臺灣高山族孕婦忌吃並蒂果實，否則會生雙胞胎；忌吃鮮薑，因鮮薑外形「多指」，恐孕婦食後生下的孩子有餘指。

滋補品也不是隨便濫用的，人參能大補元氣，但孕婦濫用人參，可能會導致氣盛陰虛，容易上火，可產生嘔吐、水腫及高血壓等症狀，易引起流產，故忌濫用。桂圓性溫味甘，孕婦濫服桂圓後，會引起或者加重妊娠嘔吐，甚至流產，故忌濫用。

民間還忌諱孕婦吃祭神的酒飯。俗以為，胎神是專管胎兒的神靈，祂通常存在於孕婦的周圍。由於胎神有保佑胎兒和傷損胎兒的雙重可能，故人們對胎神既敬又怕。俗以為胎神損傷胎兒，一般是由於人們觸犯了胎神。因此為了胎兒的安全，人們盡可能不冒犯胎神。如果孕婦吃了祭神的食品，很可能會衝撞了胎神，由此極可能導致嚴重的後果。在佤族中，這種禁忌尤甚，不僅孕婦忌食祭品，就連孕婦的丈夫也要受此禁約。這是怕孕婦不潔的身體沖犯了神明，給胎兒帶來不幸。

這些有關孕婦的飲食禁忌，有的是從食物性能及藥用價值來考慮的，有一定的科學依據；有的則是根據其外在形狀甚至是名稱的諧音來推斷其可能對胎兒的影響，這些顯而易見是迷信。然而到底哪些是合理的，哪些是不合理的，卻很難做出簡單判斷。加之「十里不同風，百里不同俗」，各地有關孕婦的飲食禁忌千差萬別。所有這些，無疑讓懷孕婦女及其家人無所適從。顯然，民間禁忌僅供參考，要想優生優育，還應當科學、合理地搭配飲食習慣。

普通食品禁忌

每個民族都有自己獨特的民族文化，不同民族對於食品的禁忌，往往與各自特定的民族宗教、歷史等因素相關。相對於其他民族而言，漢民族在飲食物件上的禁忌是很少的，但這並不是說漢族沒有食品禁忌。至於其他少數民族，食品禁忌就更多了。顯而易見，一些古老的信仰觀念，對於食物的選擇仍有著很大的影響力。

民間認為，食物的自然屬性可能會傳染給食用者。據《博物志》載，「孔子家語曰：食水者乃耐寒而苦浮，食土者無心不息，食木者多而不治，食石者肥澤而不老，食草者善走而愚，食桑者有絲而蛾，食肉者勇敢而悍，食氣者神明而壽，食谷者智慧而夭，不食者不死而神。」現在民間依然有類似的信仰，如人們認為「吃了熊心豹子膽」，人就會變得同熊和豹子一樣兇猛彪悍。依據這一原則，衍生了好多食物禁忌：俗以為吃了雞肉，人的皮膚也會變得像雞皮一樣粗糙起來；吃了魚腸，寫出字來就會彎彎曲曲像魚腸一樣；吃辣椒會使人心眼變得毒辣無比，成為不孝子孫；小孩吃未成熟的棗子，就會生出癬子來。

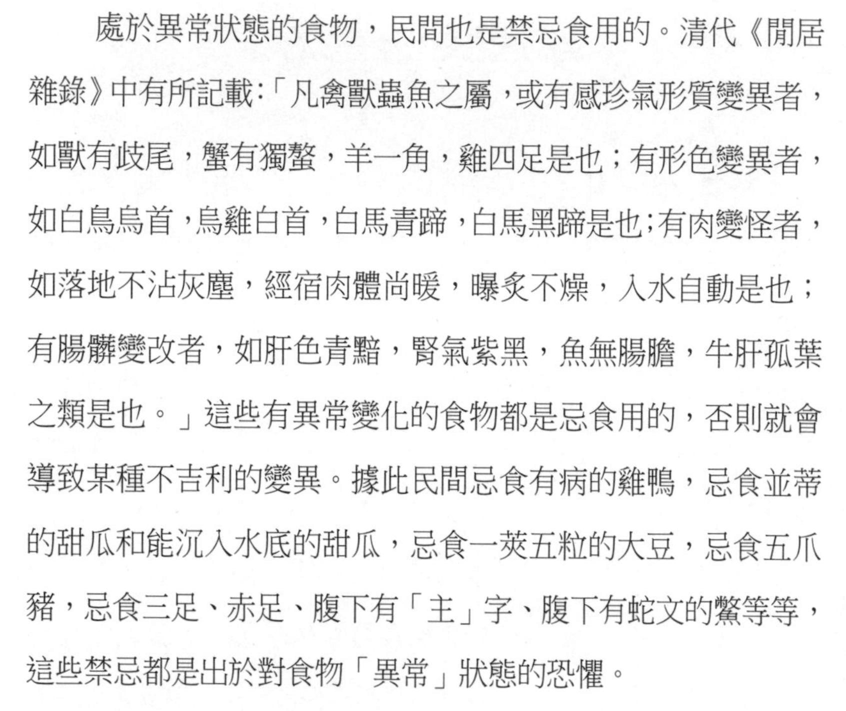

處於異常狀態的食物，民間也是禁忌食用的。清代《閒居雜錄》中有所記載：「凡禽獸蟲魚之屬，或有感珍氣形質變異者，如獸有歧尾，蟹有獨螯，羊一角，雞四足是也；有形色變異者，如白鳥烏首，烏雞白首，白馬青蹄，白馬黑蹄是也；有肉變怪者，如落地不沾灰塵，經宿肉體尚暖，曝炙不燥，入水自動是也；有腸髒變改者，如肝色青黯，腎氣紫黑，魚無腸膽，牛肝孤葉之類是也。」這些有異常變化的食物都是忌食用的，否則就會導致某種不吉利的變異。據此民間忌食有病的雞鴨，忌食並蒂的甜瓜和能沉入水底的甜瓜，忌食一莢五粒的大豆，忌食五爪豬，忌食三足、赤足、腹下有「主」字、腹下有蛇文的鱉等等，這些禁忌都是出於對食物「異常」狀態的恐懼。

民間還有忌食不潔淨食物的習俗。據《禮記》載：「不食雛鱉，狼去腸，狗去腎，狸去正脊，免去尻，狐去首，豚去腦，魚去乙（乙，魚目旁乙骨），鱉去醜（醜，鱉竅也）。」「牛夜鳴則庮（庮，惡臭也），羊冷毛而毳羶，狗赤股而躁臊，鳥皫色而沙鳴鬱（腐臭），豕望視而交睫腥，馬黑脊而般臂漏（如螻蛄臭），雛尾不盈握，弗食，舒雁翠（舒雁，鵝；翠，尾肉），鵠鴞胖（胖，脅薄肉）；舒鳧翠（舒鳧，鴨），雞肝，雁腎，鴇奧（脾），鹿胃。」可見，古人對食物是非常挑剔的，此風俗至今在很多民族中都有，如，鄂溫克族忌食病死的野獸和家畜的頭、五臟、淋巴腺、膝下骨髓等，忌小孩子吃羊的肥腸；佬族忌食動物的心臟；蒙古人忌食水族鳥類，認為其不潔；錫伯族、達斡爾族等除羊血外，禁食其他動物的血。

對於某些具有藥用價值的食物，人們的態度也很謹慎，因而也形成了一些相關的禁忌：俗以為多食韭菜可以導致神昏目眩；多食鱔魚，易得霍亂；多食蒜，可傷肝痿陽；吃食鴨蛋，會使瘧疾病加重；多食冬瓜，可發黃疸；民間還有「桃養人，杏傷人，李子樹下埋死人」的說法，說明桃、杏、李子三種水果對人身健康的不同影響；俗語還有「黃瓜上市，醫生行時；刺梨上市，醫生背時」和「黃瓜上市，醫生行運；蘿蔔上市，醫生倒楣」的說法，說明黃瓜會使人害病，刺梨、蘿蔔對人體健康有益；俗以為河豚、夾竹桃、蛇、蜈蚣等是有毒的，食後傷人。

佛教的傳播也影響了民間的飲食禁忌。佛教從天地同根、萬物一體、眾生平等的觀念出發，主張愛惜生命，反對任意傷害一切生命，因此忌食葷食。這一習俗已經超出了佛教信徒的群體，影響了民間相當一部分人的飲食習慣。佛教講究「法食」或「正食」，也就是遵循法制之食。適合僧侶的食物有五種，稱為「淨食」：食物用火燒熟的稱為火淨；用刀去皮的，稱為刀淨；以爪去殼的稱為爪淨；將果物晾乾，失去生機才食用稱為蔫淨；取食被鳥類啄殘的食物稱為鳥啄淨。不能做到火淨、刀淨、爪淨、蔫淨、鳥啄淨的食物被稱為「邪命食」，是忌食用的。這就是信仰佛教者的飲食禁忌。

《白蛇傳》故事年畫

長期與人生活在一起的動物，人們會把人與人的感情轉移到牠們身上，忌殺而食之。正如遊牧民族與馬有特殊的感情一樣，農耕民族與牛有著特殊的感情。春秋戰國之前，牛是祭祀用的重要祭品，當時人們是不忌食牛肉的。隨著牛耕的推廣，牠在農業生產中的作用越來越大，是農家不可缺少的好夥伴，因此有些地區的漢族開始有禁食牛肉的習俗。此俗自遊牧的蒙古民族建立元朝後，有較大的改變，食牛肉之風日盛。但至今漢族民間仍有忌食牛肉的風俗殘留，據說早些時候蘇州人不食牛肉，牛死後常將其拋入河裡。關於這一禁忌，民間話本《白蛇傳》裡有這樣的情節：許仙救了一條白蛇，被老師處罰，只好將白蛇送到學堂門口的蘇州河裡。白蛇在蘇州河裡，吃不到東西，飢餓難挨。正巧當時有只耕牛死了，而蘇州人有不食牛肉的習俗，就將死牛拋入河裡。白蛇見了，拼命啃食，最後還鑽進牛頭裡，把河水攪得翻翻滾滾。人們還以為蛟龍出現，急忙擺案祈禱。另外，佤族青年也忌吃黃牛的心、肝，如果犯忌，認為會生病，對家人不利。

類似的情況還有狗肉，很多狩獵民族是忌食狗肉的。滿族人忌食狗肉，忌戴狗皮帽子，是因傳說其祖上努爾哈赤為「義犬」所救，為感狗恩，故有此俗；錫伯人不吃狗肉，把狗看成一種神聖的動物和忠誠的夥伴；拉祜族相傳祖先吃狗奶長大，故忌殺狗、食狗肉，並忌食狗肉者入其家門；佘族不吃狗肉，狗死後放到溪水中沖走，俗以為吃狗肉會破相或生病。

總之，民間對於食物的種種禁忌，原因是多方面的：有的出於衛生考慮，有的出於宗教信仰原因，有的出於巫術原因，還有一些來自於習慣。無論出於什麼原因，具有不同食俗的人交往時，都應盡可能彼此尊重。

茶酒草藥禁忌

茶、酒、草藥，作為特殊的飲食物件，歷來也有一些飲食方式上的特殊禁忌。

茶禁忌

中國是世界上最早種茶、制茶和飲茶的國家。名醫華佗在《食經》中曾說：「苦荼（茶）久食，益意思。」意思是說多飲茶可以開闊思路。唐朝的陸羽著《茶經》，對茶的起源、性質、制茶過程、飲茶方法等都做過比較詳細精闢的論述。飲茶在人們的日常生活中已經成為一個重要的組成部分，在飲食文化中佔有相當重要的地位。

飲茶的禁忌，曾有人總結為七條，被文人雅士看作品茶的禁忌。這七條是：「一不如法，二惡具，三主客不韻，四冠裳苛禮，五葷肴雜陳，六忙冗，七壁間案頭多惡趣。」意思是說，飲茶忌用不正確的方法，忌沒有好的茶具，忌飲者低俗，忌衣冠楚楚、守苛繁之禮，忌葷食，忌俗務冗雜，忌庸俗情趣。當然，這只不過是文人的飲茶禁忌，而民間尚有一些關於飲茶的俗信禁忌。

忌「晚間飲茶」。俗以為飲茶會令人失眠，故晚上忌多飲茶。

忌「飲隔夜茶」。據清代《閒居雜錄》載：「驚蟄後至九月，凡茶水在幾上經宿者不可飲。因守宮（壁虎）之性，見水則淫，

《玉川品茶圖》

每於水內相交，餘瀝遺入，為性最毒。如誤飲時，急覓地漿水解之，或吐或瀉，尚可救一二。掘地以冷水潑之，令濁，少頃取飲，謂之地漿。」這裡講了隔夜茶不能飲的原因，並介紹了誤飲的解法。另外，民間還有「隔夜茶，毒如蛇」的說法。

居喪飲茶忌「用茶託」。據《齊東野語》載「有喪不舉茶託」，可知古時民間有居喪時飲茶或以茶待客時，忌用茶託的習俗。茶託可能會有紅色的，而在中國文化中，紅色象徵著喜慶，這樣就與喪事的氣氛不協調，故忌用「茶託」，特別是紅色的。

忌「貪茶」。飲茶忌貪，據說浙江一帶有一種紅糖泡棗的茶，飲時忌吃棗，俗語有「無家教，吃茶泡」。另外，會客時飲茶，一般不要超過一杯，否則即為「貪茶」，就犯忌了。《紅樓夢》第四十一回中，妙玉曾對寶玉說：「你雖吃的了，也沒這些茶糟踏。豈不聞『一杯為品，二杯即是解渴的蠢物，三杯便是飲牛飲騾了。』你吃這一海便成什麼？」還有的地方，辦喜事時，新娘要吃「卵茶」：新娘只宜喝茶，忌諱吃卵，其取意為「不貪婪，懂禮節」。

酒禁忌

酒，中國除茶葉外的又一重要飲品。自古以來，酒在人們的生活與文化中，就扮演著一種奇特而重要的角色。成功者以酒助興，失意者借酒澆愁，酒文化的內涵與層次難以盡言。在長期發展的酒俗中，一些約定俗成的酒禮與飲酒禁忌也得以形成：

酒禮「無三不成」，意思是說，喝酒定要三杯才可，第一杯，是敬酒之意；第二杯，謂之好事成雙；第三杯，「無三不成禮」。一般認為，所謂「無三不成禮」，就是天、地、人各敬一杯，這是千百年來的一種最重要的酒禮。直到現在，有很多少數民族在敬酒時，還要用手指蘸酒，向空中輕彈三下，也是這個意思。

酒令是常見的一種勸酒方式。行酒令時，輸者要罰酒，即所謂「敬酒不吃吃罰酒」。實際上，「罰酒」不過是「敬酒」的另一種形式而已。一般通行的民間酒桌禁忌有：「隔席不語」，同時有幾桌席，一般忌諱在這桌吃酒，卻與其他桌子上的客人行酒令，否則即為對本桌其他人的不尊重；忌「遲到」，民間有俗語「請客不到，惱死主人」，不赴席或者赴席遲到，都是對主人的不尊重，故遲到者要罰酒三杯，罰酒必乾，否則還要再罰三杯。

劃拳時手指也有諸多禁忌：如果想表示「二」，忌用食指和中指，俗以為伸出這兩個手指等同於罵人；如果想表示「一」，忌用小拇指，俗以為小拇指是比喻「小人」，正確的做法是用大拇指表示「一」，這表示尊重對方。

酒忌「過量」，以免酒後失德。俗語有「莫吃卯時酒，昏昏醉到酉」「氣大傷人，酒多傷身」「飯要少吃，酒要少飲」「不貪意外財，不飲過量酒」等等，意思基本相同，都是勸人不要過量飲酒。

草藥禁忌

草藥，即中藥，實際上不僅包括植物，而且還包括動物和一些礦物在內。民間有關草藥的一些禁忌，並不都與醫學有關係，實際上是建立在俗信的基礎上的。據《博物志》記載：「《神農經》曰，藥物大毒不可入口鼻耳目者，即殺人。一曰鉤吻。」又云：「黃帝問天老曰：『天地所生，豈有食之令人不死者乎？』天老曰：『太陽之草，名曰黃精，餌而食之，可以長生。太陰之草，名曰鉤吻，不可食，入口立死。』人信鉤吻之殺人，不信黃精之益壽，不亦惑乎。」可見，古時候人們便認為有一種叫作「鉤吻」的草為毒物。現在，民間依然流傳著「蘑菇有毒不可食」「巴豆食之令人瀉而死」等說法，表明民間認為某些植物（草藥）有毒，吃了即會丟掉性命。

飲酒圖

即使是無毒的草藥，如果不能對症下藥，吃了也會喪命。這一點在民間看來近於常識，已經超出醫學的範疇，成為人們的俗信了。《神農經》裡講道：「夫命之所以延，性之所以利，病之所以止，當其藥，應以病也；違其藥，失其應，即怨天尤人，設鬼神矣。」意思是說藥與病相應，即所謂「對症」，就會延續人的生命，否則就有害了。比如俗以為人參、鹿茸為補品，可治血寒，但若用於熱毒則會導致吐血、腐腸而死等嚴重後果。

吃藥要「忌口」，俗語有「吃藥不忌口，醫生跟著走」「吃藥不忌嘴，大夫跑斷腿」。民間認為，治痢疾時忌食油腥物，治膿瘡時忌食魚肉發物等，均屬於此列。

此外，民間還有一些用藥方式的禁忌：俗以為抓中藥時，藥方不能反疊，否則沒有功效；抓來的藥，又忌放在鍋臺、窗臺、炕臺上，否則藥將失效；喝完湯藥一般要把碗扣過來，表示不再吃了，否則不吉利；吃完了中藥，忌諱將藥渣亂倒，俗有「藥渣倒高不倒低」之說，最好是倒在馬路上，藥渣被行人踢散，病也就散（好）了。

食品製作禁忌

食品製作禁忌，是飲食禁忌的一個重要方面。俗認為，食品的製作方式、製作時間與製作地點等因素，可以直接影響食品的性質。例如信仰伊斯蘭教的民族認為牛、羊是可以食用的，但如果不是信仰伊斯蘭教的人所殺，則是不潔淨的，仍要忌食。民間常見的食品製作禁忌有：

「包餃子忌」。舊時一年也吃不上幾次餃子，一般都是過年節時才吃的，故包餃子非常被人們看重。東北一帶忌包餃子不捏褶，說捏光邊像「和尚頭」，意味著此人命裡沒有後代，不吉利；而包好的餃子又必須朝向同一方向擺好，忌「面對面」擺放，如果出現這種情況，即意味著吃餃子時有人會來「串門」，而人們在吃餃子時是不希望有外人來家裡的。還有的地區忌把餃子擺成圈，認為這樣意味著過日子越過越糟。中原一帶包餃子忌諱數數，據說一數就數少了。忌諱說「夠了」「不夠」「多了」「少了」，怕被神靈聽去了整治人。

民間認為，有些食物單獨食用對身體是無害的，但幾種食物搭配在一起食用，就可能對身體不利，甚至發生中毒現象。

由此民間就形成了「食物組合忌」，在食物製作或者準備時，常常不容忽視。舊時一些曆書上多有食物相克之類的圖表。然而因各地物產、習慣的不同，這一類圖表也有很大差別。一些古代文獻中也記錄此類禁忌，如清代的《閒居雜錄》中就有「物性相反」「物性相感」兩類食品禁忌的記載。民間流傳的常見食品組合忌有：

雞肉與菊花同食有毒，用細辛一錢，黃蓮五分煎水可解救；

魚肉忌與荊芥同食，食之必亡，此即「鯉魚犯荊花」；

蛇肉與蘿蔔同食有毒，吃雞血一兩可解救；

楊梅與鴨肉同食有毒，吃婦人乳汁一百克可以解救；

鹿肉與南瓜同食則脹肚難受，苦參五十克搗汁服可以解救；

鯉魚與甘草同食有毒，吃麻油二兩可以解救；

魚子與豬肝忌同食，食之必亡；

洋蔥與蟾蜍同食有毒，車前子五十克煎水服用可以解救；

莧菜與鱉忌同食，據說鱉遇莧菜會複生，食之生血鱉；

油煎雞蛋放糖精會有毒，用牛黃五分溫開水吞服可以解救；

吃雞蛋後不能吃消炎片，否則會中毒，可以吃黃泥水解救；

蜂蜜與生蔥同食有毒，米炒焦研末與甘草二兩煎服可以解

救；

蕃茄與螃蟹忌同食，因其物性相同，皆寒，故食之得痢疾；

燒酒與生薑忌同食，食之壞心肺；

狗肉與綠豆同食則肚腹腫大，甘草二兩煎服可以解救；

黃瓜與花生同時吃易肚瀉，吃霍香丸十克可以解救；

雞與韭菜忌同食，食之生蟲；

羊肉與西瓜同食有毒，壁泥、白扁豆各一兩煎水服用可以解救；

桃子不能與白酒同服，多吃會令人昏倒；

烤紅薯不能與香蕉同食，否則會中毒；

蠶豆與田螺同食則腸絞痛，服童子尿一小杯可以解救；

冬筍與龜肉同食有毒，甘草二兩煎水服可以解救；

冬瓜與鯽魚同食則脫水，喝空心菜汁一茶杯可以解救；

牛肉與香附子同食有毒，甘草二兩煎水服用可以解救。

廚房及灶是食品加工的重要場所和設施，很多民族有形形色色的「廚房忌」或者「灶忌」。壯族忌在廚房殺狗，也不能在灶上煮狗肉，否則會玷污灶王爺；廣西的客家人忌在廚房裡煮吃蛇肉，甚至連在外盛過蛇肉的碗也不能拿回廚房，應當丟在外面；忌在廚房裡喧嘩、打罵、說不吉利的話；忌在廚房裡洗澡、玩水；小孩子忌在廚房小便；如果家中有人過世，忌用家中的廚房為前來奔喪的親友準備飯菜，須借用親戚家的廚房；女人生育後，四十日內不能進入廚房，否則為不吉；此外，由於月經期婦女和孕婦均被舊時民間視為「不潔之人」，故有些重要的炊事亦忌她們參與，更不准進入廚房；沒有福氣的人，如孀婦、無子嗣者、戴孝者，恐身上有凶煞氣，不吉利，也常忌參與炊事。

有的民族做飯時還忌諱用不潔的柴燒火，俗以為「柴不潔」也會導致食物不潔。另外，壯族還忌諱燒被風刮倒的樹木。壯族傳說，古代柴草與動物一樣會走路，既有頭又有腳。後來柴草走到人家裡，連人走動的地方都擠滿了，人們去向神告狀神就命「倒生神」把樹木顛倒過來，將其頭部插入土裡，不許走動。於是柴草的頭就變成了根，腳就變成了枝葉，再也無法走動了，只有被人砍割後，才能進到人的家裡來。所以村邊被風刮倒的大樹，人們不敢用，生怕「倒生神」怪罪。

民間有懼怕殺死牲畜的習俗，以為殺死牲畜會給自己帶來不利，或者擔心動物的靈魂會報復自己。非殺不可時，一般由老年人來殺，年輕人忌看。據說還有人在殺之前念幾句咒語來破解，如「不怨你，不怨我，光怨你主家賣給我」之類。

民間認為，同一種食物，在不同的時間食用，可能具有不同的價值，這就是所謂的「時辰忌」。民間俗語有「早上人吃薑，晚上薑吃人」，吃的同樣是薑，早上與晚上竟有如此大的不同。類似的俗語還有，「早喝鹽水如參湯，晚喝鹽水如砒霜」。這些俗語講的，就是食物在不同時辰裡的禁忌。另外，《千金翼方》中所說的「一日之忌，暮無飽食；一月之忌，暮無大醉；一歲之忌，暮無遠行……終身之忌，暮常護氣」，也是有關時辰的禁忌。

食品製作禁忌非常多，有的可能有道理，有的還有待於進一步去驗證，有的則完全出於臆測。

※為保障您的權益，每一項資料請務必確實填寫，謝謝！

姓名		性別	□男　□女
生日	年　月　日	年齡	
住宅地址	郵遞區號□□□		
行動電話		E-mail	

學歷

□國小　□國中　□高中、高職　□專科、大學以上　□其他＿＿＿

職業

□學生　□軍　□公　□教　□工　□商　□金融業
□資訊業　□服務業　□傳播業　□出版業　□自由業　□其他＿＿＿

謝謝您購買 **有關禁忌的44個話題** 與我們一起分享讀完本書後的心得。務必留下您的基本資料及電子信箱，使用我們準備的免郵回函寄回，我們每月將抽出一百名回函讀者，寄出精美禮物以及享有生日當月購書優惠！想知道更多更即時的消息，歡迎加入"永續圖書粉絲團"

您也可以使用以下傳真電話或是掃描圖檔寄回本公司電子信箱，謝謝！

傳真電話：（02）8647-3660　電子信箱：yungjiuh@ms45.hinet.net

●請針對下列各項目為本書打分數，由高至低5～1分。

	5 4 3 2 1		5 4 3 2 1
1.內容題材	□□□□□	2.編排設計	□□□□□
3.封面設計	□□□□□	4.文字品質	□□□□□
5.圖片品質	□□□□□	6.裝訂印刷	□□□□□

●您購買此書的地點及店名＿＿＿

●您為何會購買本書？

□被文案吸引　□喜歡封面設計　□親友推薦　□喜歡作者
□網站介紹　□其他＿＿＿

●您認為什麼因素會影響您購買書籍的慾望？

□價格，並且合理定價是＿＿＿　□內容文字有足夠吸引力
□作者的知名度　□是否為暢銷書籍　□封面設計、插、漫畫

●請寫下您對編輯部的期望及建議：

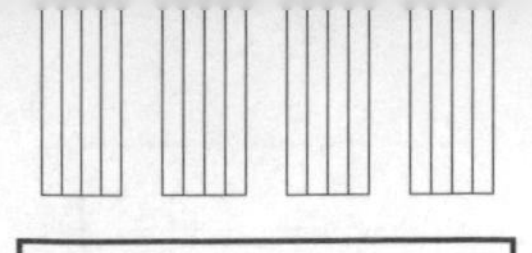

廣 告 回 信
基隆郵局登記證
基隆廣字第200132號

221-03

新北市汐止區大同路三段194號9樓之1

傳真電話：（02）8647-3660

E-mail：yungjiuh@ms45.hinet.net

培育

文化事業有限公司

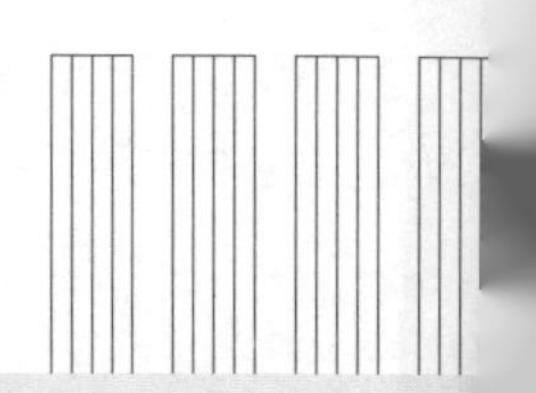

讀者專用回函

有關禁忌的44個話題

培養文化育智心靈的好選擇